U0465294

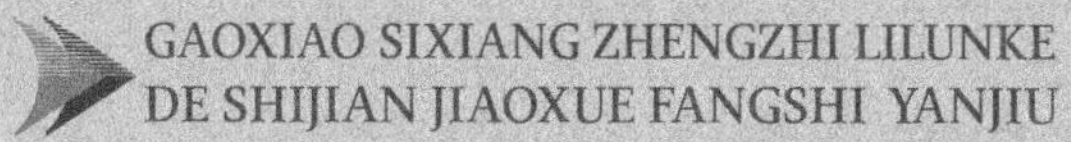

◎朱琳 王莹著

高校思想政治理论课的实践教学方式研究

图书在版编目（CIP）数据

高校思想政治理论课的实践教学方式研究 / 朱琳，王莹著. --北京：中央民族大学出版社，2024.7. --ISBN 978-7-5660-2379-7

Ⅰ. G641

中国国家版本馆 CIP 数据核字第 2024U23S41 号

高校思想政治理论课的实践教学方式研究

著　　者　朱　琳　王　莹
策划编辑　舒　松
责任编辑　舒　松
封面设计　布拉格
出版发行　中央民族大学出版社
　　　　　北京市海淀区中关村南大街27号　邮编：100081
　　　　　电话：(010) 68472815（发行部）传真：(010) 68932751（发行部）
　　　　　　　　(010) 68932218（总编室）　　　(010) 68932447（办公室）
经 销 者　全国各地新华书店
印 刷 厂　北京鑫宇图源印刷科技有限公司
开　　本　787×1092　1/16　印张：9.5
字　　数　110 千字
版　　次　2024 年 7 月第 1 版　2024 年 7 月第 1 次印刷
书　　号　ISBN 978-7-5660-2379-7
定　　价　40.00 元

内容简介

本书从高校思想政治教学实践入手，以国家关于加强和改进高校思想政治理论课的新指示精神为指导，以高校思想政治理论课程作为研究对象，明确阐述了高校思政课的课堂实践教学方式、校园实践教学方式、社会实践教学方式以及新时代高校思想政治理论课实践创新改革的必要性。力求深入探索高校思想政治理论课的实践教学方法，为新时代进一步加强思想政治理论课程建设，更好地发挥思想政治理论课的主渠道作用，提供有益的思考与借鉴。本书既为高校政治教师提供教学参考，又能为高校学生掌握该门课程提供依据，还可以作为教材教法辅导用书。

目 录

第一章　思政课程实践教学分析　/ 1

第一节　思政课程实践教学的含义　/ 1

第二节　高校思政课实践教学方式研究　/ 6

第二章　高校思政课的课堂实践教学方式研究　/ 13

第一节　思政课堂实践教学之分享会与学生论坛　/ 14

第二节　思政课堂实践教学之影像展播与角色扮演　/ 25

第三节　思政课堂实践教学之焦点讨论与课堂辩论　/ 37

第四节　思政课堂实践教学之专题讲座与案例分析　/ 48

第三章　高校思政课的校园实践教学方式研究　/ 59

第一节　校园实践教学方式之微电影制作　/ 60

第二节　校园实践教学方式之校内调研　/ 66

第三节　校园实践教学方式之主题演讲　/ 75

第四节　校园实践教学方式之图书寻访　/ 80

第五节　校园实践教学方式之知识竞答　/ 88

第六节　校园实践教学方式之校园文化节　/ 93

第四章　高校思政课的社会实践教学方式研究　/ 103

第一节　高校思政课社会实践教学之基地实践　/ 105

第二节　高校思政课社会实践教学之校外参观　/ 112

第三节　高校思政课社会实践教学之社会发现　/ 118

第四节　高校思政课社会实践教学之公益活动　/ 125

第五章　高校思政课实践教学方式创新改革研究　/ 131

第一节　高校思政课实践性教学方式创新的几点思考　/ 131

第二节　新时代高校思想政治理论课教学方式改革的重要性分析　/ 137

参考文献　/ 141

第一章　思政课程实践教学分析

第一节　思政课程实践教学的含义

一、什么是思政课程实践教学?

思政课程实践教学，顾名思义就是在思政课程理论教学全部完成的前提下，通过各种形式的具体实践途径，让学生进行体验和反思，将思政课程课堂上所学的理论知识消化、吸收，进而内化为学生自己的理念和价值观，外化为学生的具体行为，真正实现学以致用；同时帮助学生树立马克思主义的世界观和方法论，成为优秀的新时代建设者和接班人。

思政课程实践教学的含义是多种不同方式的组合或者说结合，具体来说就是思政课程内实践、校内社会实践和校外社会实践三种实践方式的结合。

思政课程内实践是指在思政课程的课堂教学过程中，思政课程教师组织学生在课堂上开展诸如小组讨论、主题辩论、演讲、历史情景剧等活动，让学生运用思政课程上所学的理论知识对某一个具体问题进行分析，提升学生对生活、对问题的思辨能力和解决问题的能力。

校内社会实践是指在高等院校校内通过各类社团组织或者与学校各个部门合作，如图书馆、团委等，在校内开展各种类型的校园文化、宿舍文化、班级文化和社团文化建设活动，让学生在参与学校的集体活动中提升团队意识和协作能力，提高自身的综合素养。

校外社会实践是指学生利用课余时间或者寒暑假，在校外进行志愿服务、社会调研、义务劳动、岗位见习、参观访问等活动，了解群众的冷暖疾苦，体察社情民情，让学生在社会参与中加深对社会的认识了解和情感体验，激发学生爱祖国、爱家乡的热情，培养和增强学生的社会责任感。

（一）实践教学与理论教学的关系

高校思政课的实践教学与理论教学既相互区别，又相互联系。理论教学主要是系统地阐述理论知识，讲授科学的世界观、人生观、价值观，一般以教师讲授为主，教师在课堂上占主体地位。相较于理论教学，实践教学强调实践性，强调学生的主体地位，强调感性材料和直接经验的获得。二者的联系在于同属于教学环节，统一于思政课的教学过程，有着共同的教学目标和任务。实践教学和理论教学相互促进、相辅相成，没有理论指导的实践是盲目的实践，理论教学为实践教学提供了理论参考；而没有实践的理论教学是空洞的说教，实践教学能巩固和提高理论教学的教学成效。实践教学和理论教学在思政课教学过程中处于同等重要的地位，不能相互替代，只有实现二者的良性互动、和谐发展，才能进一步提高思政课的实效性。

（二）实践教学与社会实践活动的关系

从思想政治教育途径的分类来看，高校思政课程实践教学属于思想政治理论教育的范畴，而大学生社会实践活动属于日常思想政治教育的范畴，但两者有很多相似之处，以至于许多人会把两者相混淆。一是两者都具有很强的社会性、实践性；二是两者采取的活动形式具有相似性，例如，社会调查、志愿服务、公益活动，等等。然而两者也有明显的区别，表现在三个方面：一是实践教学是一种教学方式，具有相应的教学计划、严格的管理和考核制度，而社会实践活动并不属于教学方式，课程性是两者的主要区别；二是管理部门不同，实践教学的直接管理者是课程的任课教师，而社会实践活动的管理者主要是辅导员、班主任；三是实践教学要与课程教学目标和内容密切相关，而社会实践活动没有此限制。鉴于实践教学和社会实践活动的相通之处，二者的管理部门相互协调配合，共同开展某些活动，这也是实践教学改革的趋势之一。

二、思政课实践教学的地位和作用

关于实践教学的地位，学术界曾有三种代表性的观点，即辅助论、补充论、互补论。

虽然辅助论和补充论都强调实践教学的积极作用，但实践教学处于从属地位，与理论教学是主从关系；而互补论则认为实践教学和理论教学地位平等，都是思政课的重要组成部分。随着实践教学改革的深入，学术界对实践教学的定位越来越高，越来越多的学者趋向于互补论的观点，互补论是目前学术界对实践教学地位的主论调。

实践教学是提高高校思政课针对性和实效性的一个突破口，是提高大学生素质的重要途径，在思想政治教育教学中发挥着不可替代的作用。

三、为什么进行思政课程实践教学?

（一）有利于培养高素质技能型人才

思政课程实践教学不只是课堂辩论和演讲，更多的是校内外具体社会活动的参与。具体来说，思政课程的实践教学能够让大学生有机会接触社会，参与社会活动，真实体察社会生活，在社会生活中领会和感悟国家政策、方针的重要性，人民渴望喜乐安康的真实诉求，进而提升自身的政治素质、思想道德素质和法律素质。与此同时，引导大学生能够灵活运用马克思主义哲学思想来分析和解决实际问题，增强自身的职业素养与职业技能，真正成为对国家、对社会有用的高素质技能型人才。

（二）有利于提升思政课程教师的教学水平

作为一名思政课程教师，不仅要有扎实的理论功底，还要有掌控和驾驭课堂的高超技能；更为重要的是，思政课程教师要在潜移默化之中将正确的“三观”、正确的思想理念渗透到学生的思想之中，让学生在思政课堂上有收获，有获得感。而这种获得感的产生主要源自两个方面：一是有远见、有深度、有穿透力的学术理论；二是丰富的实践教学环节，让学生在吸收思想的同时，能够真正体察和感悟到生活的真谛、社会发展的规律……这对于思政课程教师来说是一个极大的考验，需要思政课程教师精心思考和设计每一节课，尤其是能将认识上升为行动的实践教学环节的设计上。因此，思政课程实践教学有助于不断提升思政课程教师的教学水平。

（三）有利于推动思政课程的教学改革与创新

思政课程具有极强的思想性和理论性，同时也是实践性非常强的一门课。思政课程实践教学不是一成不变的，而是要根据时代的发展以及学生群体特点的变化来适时地进行调整，这一调整本身就意味着要不断地对思政课程的教学环节进行改革和完善，不断创新教学的方式方法，尤其是实践教学环节的教学方式和方法。实践教学环节是与社会实际、时代发展紧密结合的，必须以当代学生最能接受、最愿意接受的方式来呈现，这样才能激发学生参与实践的兴趣和热情，从而能够有效地保障思政课程的教学效果，同时也能有效推动思政课程的教学改革与创新，真正让思政课程有温度、接地气，而不只是理论的输出。

第二节　高校思政课实践教学方式研究

一、当前高校思政课实践教学的形式

由于我国理论界对实践教学的定义并未统一，加之在现实教学中又存在大量含有实践成分但又不是典型的实践教学形式，不同观察者夹杂着自身的理解，对于某种形式是否属于实践教学，给出的判断结果也会不一致。

对于实践教学形式的分类，按照不同的标准，理论界形成了不同的划分方法。按照教育功能的不同，实践教学大致可以分为以思想教育为主的实践教学、以服务为主的实践教学、以能力培养为主的实践教学；按照实现方法与形式，实践教学可以分为社会实践类实践教学、语言表达类实践教学、音像图书类实践教学、第二课堂类实践教学；按照实践教学的时间，实践教学可以分为大实践和小实践。本文主要从实践教学的场所来介绍实践教学的划分方法。

按照活动场所的不同，实践教学可划分为课堂实践教学、校内实践教学、社会实践教学和虚拟实践教学。

课堂实践教学是师生之间、学生之间在课堂互动中进行的实践教学，如观看影视资料、案例分析、模拟教学，等等。课

堂实践教学是课外实践教学的基础，也是实践教学体系的首要环节和主体部分。课堂实践教学具有三个优势特点：一是课堂实践教学的内容与书本理论知识的联系最为紧密，是对教材的直接再现；二是课堂实践教学效果的反馈及时、速度快，在相应的教学课程内就可获得直观了解；三是课堂实践教学的成本相对较低，所需参与者的投入相对较少，而且组织起来也相对容易。

校内实践教学是在学校里（不包括课堂）进行的实践教学，如参观校史馆。校内实践教学是连接课堂实践教学和社会实践教学的桥梁，也是整个实践教学体系的重要组成部分。校内实践教学可以弥补课堂实践教学的不足，在更为广泛的空间上开展思想政治教育活动。

社会实践教学是指离开校园在社会场所进行的实践教学，包括志愿服务、社会调查，等等。社会实践教学是课堂和校内实践教学的有效延伸，有助于大学生深入基层，通过自身实践来认识社会、了解社会，提高实践能力。

虚拟实践教学是指在虚拟情境场所进行的实践教学。一般来说，虚拟情境具有多感知性、临场感和交互性的特点，通过五官感知使学生如临其境，并且能够从中获得反馈。近年来随着计算机网络技术的发展与普及，部分实践教学活动也移至网络虚拟空间，网络论坛、网络游戏等成为虚拟实践教学的新形式。

二、高校思政课实践教学方式改革的理论基础

（一）实践的含义

在世界哲学发展史上，实践的概念及其相关阐释由来已久，但只有马克思主义对实践的科学内涵作出了正确的论断。在马克思主义哲学中，实践是指人们有目的地改造和探索外部世界的一切社会性的客观的物质活动。实践的要素有三：实践主体、实践手段、实践对象。实践的主体是有意识、有目的的人，实践的手段是人所创造的工具，实践的对象是被人认识和改造的客观事物。

（二）认识的含义

认识是主体在实践的基础上对客体的能动反映，这包括三个方面的含义：第一，认识是主体对客体的反映，没有客观存在的现象，就没有相应的认识；第二，主体对客体的反映是一个能动的创造性的过程；第三，主体对客体的能动反映是在实践的基础上实现的，主体与客体之间的认识关系或反映关系，不能脱离实践关系而凭空产生。认识包括感性认识和理性认识。感性认识是在社会实践的过程中，人通过感觉器官直接接触客观事物从而获得的对事物表面的认识，是认识的低级阶段。理性认识是指人们用抽象思维的方法对获得的感性认识进行加工，从而形成对事物本质、内在联系及规律性的认识，是认识的高级阶段。

（三）实践与认识的辩证关系

实践对认识具有决定作用，认识对实践具有能动的反作用。认识是一个辩证发展的运动过程，首先，由实践到认识，即在实践的基础上从感性认识到理性认识的过程，这是认识辩证发展的第一次飞跃；其次，由认识到实践，即认识要回到实践中去，接受实践的检验，正确的认识被证实，错误的认识被推翻，从而使认识得到丰富、深化和发展，这是认识辩证发展的第二次飞跃；最后，认识的过程不只是两次飞跃的综合，而是不断反复、无限发展的过程。人们对客观事物的认识，只有经过实践、认识、再实践、再认识……循环往复，逐步深化，才能完成。

实践观是马克思主义的基本观点，在认识世界和改造世界的过程中，我们必须要坚持实践的观点。获得认识的途径有两种，一是通过自身的实践获得，二是通过学习、借鉴他人的认识使之成为自己的认识。一般来说，大学生获得思想政治理论认识也有两种方式，一是通过自身的实践，二是学习思想政治理论知识。思政课的实践教学主要是使大学生通过感觉器官，用感觉、知觉、表象等具体的形式直接反映事物，获得丰富的感性认识；而课堂教学主要是使大学生通过概念、判断、推理的形式间接反映事物，获得抽象的理性认识。感性认识和理性认识相互对立、相互区别，又相互依存、相互渗透、相互统一。感性认识是理性认识的基础，理性认识依赖于感性认识，脱离了感性认识的理性认识就像是无源之水、无本之木，感性认识有待于上升为理性认识。若思政课只是传授理性认识，而没有或者缺少实践教学环节，就会对思想政治教育产生不利影响：一是学生对所获理性认识的理解不深，不利于学生对该认识产生认同感；二是不利于学生将所获认识应用到实践当中去，将认识转化为行为。因此，思政课要进行实践教学改革，适当增加实践教学比重，探索实践教学的实施操作方法，充分发挥实践教学的功效和作用。

三、高校思政课实践教学方式的优化路径

大学生对思政课及其实践教学的现实需求为思政课改革提供了依据。笔者通过实践调查总结出思政课实践教学的优化路径。

（一）将思政课实践教学纳入教学计划予以实施

高度重视实践教学，和理论教学同步安排实践教学计划，使其与理论教学有机衔接，科学合理地安排好实践教学计划。要坚持全流程管理，把思政课实践教学作为一个整体统筹考虑，根据各门课程的侧重点、理论阐述的重难点，在整体计划的基础上，按课程安排实践教学的实施计划。在教学计划中，要明确实践教学的主题、目标要求、过程方法、总结提升、成果展示等，使实践教学从总计划到课程计划，再到每一项操作计划的课前、课中、课后等各环节，都有规范要求和健全的工作制度。

（二）合理安排思政课课堂、校内、校外、网络的实践教学

思政课实践教学可以通过“新闻播报”“小辩论”“模拟情景”“小演讲”等学生喜闻乐见的形式，与理论教学紧密结合，

发挥学生的主体作用。这种方式既能促进理论联系实际，又能活跃课堂气氛，让学生参与其中，加深对理论的理解。利用校内资源开展校内思政课实践教学活动，可以充分发掘本校思政课实践教学资源，且成本低、效益高、收获大。校外思政课实践教学对大学生影响大，学生的获得感强。大学生要克服困难，在确保安全的前提下，提前做好理论准备和实践活动安排，在过程中落实每一个具体环节，结束后认真总结提升，并把成果展示出来。网络实践教学，即思政课教师与大学生同处在一个网群中，教师积极推送与思政课相关、与大学生成长实际及现实相联系的文章、资料，及时参与学生讨论，注意引导、交流、疏导，传递正能量，帮助大学生排忧解难，实现育人的目的。

（三）统筹安排假期思政课实践教学活动

按照“三全育人”要求，学校应把寒暑假和节假日作为思政课实践教学的有利时机，统筹安排教学活动。在节日期间布置“小作业”，如清明节开展缅怀先烈、追忆先人的实践活动，端午节和中秋节进行“我们的节日”体验活动；在寒假期间围绕阖家团聚、孝老爱亲开展实践教学活动，如“口述史”“微视频”等，让大学生在实践中感受亲情、友情以及家乡、社会的变化，在情感上得到升华；在暑假期间组织一系列社会实践活动，学校思政课教师指导学生运用参观考察、社会调查的基本方法，体验革命精神的“红色旅游”，了解社会的脱贫攻坚、环境保护等问题；开展留守儿童、食品安全等热点问题调查等，并及时总结成果，扩大实践教学影响。

（四）规范思政课实践教学的考核

思政课实践教学考核重点在三个方面：一是过程考核，就是考核大学生参加实践教学的整体情况，包括态度如何、参与状况、体验程度、组织纪律等，这些占考核成绩的主要部分。二是结果考核，就是通过思政课实践教学考核大学生所形成的自身感悟性成果，如实践教学报告、体会、建议、意见等，这里重点考查理论与实践结合运用的情况。三是阶段性成长进步考核，与思政课理论教学统一起来，以发展的眼光，评价学生在思想道德品德和政治素质方面的成长情况，如要求进步情况、参加公益性活动情况、参加志愿服务献爱心情况等，重点看进步和增量。

思政课实践教学是打造高校思政课“金课”的重要途径。大学生对实践教学有着强烈的高水平的需求。高校必须坚持改革创新，有效提高思政课实践教学的供给能力和水平，满足大学生的现实需要，把立德树人的根本任务落在实处。

第二章　高校思政课的课堂实践教学方式研究

课堂实践教学是在课堂上创设一种情景或者设计一个环节，让学生亲身参与的实践教学模式，这种实践教学模式能够将课堂上教师的理论讲授与学生的亲身实践紧密结合起来，当堂讲授，当堂练习，加深学生对教师讲授内容的思考与认识。

课堂实践教学通常包括课堂辩论、焦点讨论、小组讨论、案例分析、影像展播、情景模拟等，这些课堂实践教学模式的存在能够把相对抽象、枯燥的理论或历史久远的事实通过课堂的某一个环节重新展现出来，也能让学生对思政课的相关知识有更为直观、具体的认识。同时，课堂实践教学这一模式能够有效激发学生课堂学习的主体性与自主性，培养学生的思辨能力。

第一节　思政课堂实践教学之分享会与学生论坛

一、分享会简介

（一）思政课堂分享会介绍

当前，我们身处互联网时代，互联网时代最为鲜明的特点就是人们获取信息日益便捷、多元，人们每天都可以接收到海量的信息，但是每一个人的关注点是不一样的，这又导致每个人接收的信息量虽然大，但信息内容却各不相同。在思政课课堂上设置分享会这一课堂实践教学形式，就是要达到两方面的目的：一方面是让高校学生把自己在网络和生活中获取的海量信息通过课堂这一平台进行交换，拓展学生的视野，丰富学生的信息和知识；另一方面是让学生正确、有效地使用互联网，避免学生陷入无聊低俗的影视、游戏作品中不能自拔，避免学生整日被海量的信息淹没却无所收获。

具体来说，思政课堂分享会就是思政课教师定期让学生把自己近期读过的书，看过的影视作品，或者是在朋友圈、微博、门户网站看到对自己有所启发的文章，或者自己亲身经历抑或其他对自己有启迪和教育意义的事情在课堂上与同学分享。通过分享会这一课堂实践教学形式，思政课教师能够快速了解自己所教的高校学生目前关注什么，他们的兴趣点在哪里，教学时选取什么案例能够引起高校学生的兴趣，提高教学效果。与此同时，分享会这种课堂实践教学形式也有助于学生将自己碎片化的阅读加以整理。因为高校思政课中会有分享会这一形式，这样就倒逼学生必须拿出能和同学分享的素材，而且必须对分享内容有所思考。这样日积月累，有助于培养学生思考的习惯，还能让学生做一个生活的有心人，善于发现，善于思考，敢讲真话，从而获得更多关于人性、道德、法律、国家、社会等方面的感悟和体会。

（二）思政课堂分享会的教学设计

思政课堂分享会这一课堂实践教学形式看似普通，实则意义非凡，很多课程的课堂实践教学中都会使用，特别是在旨在改变学生思想与行为的思政课上。一则它为广大大学生提供了一个在课堂上相互交流的平台，有助于大学生做一个生活上的有心人，善于阅读、善于发现、善于思考、善于利用自己碎片化的时间；二则它为思政课教师了解学生的思想和生活动态以及学生的关注点、兴趣点提供了一个窗口，有助于教师在日后教学中选取的教学案例既符合时代特点又能激发学生的学习兴趣，有效提升思政课的教学效果。

1. 设计思路

在“思想道德与法治”课程中“人生的青春之问”这一章节的教学过程中，首先可以设计“分享会”这一实践教学环节，以“我关于人生、世界的所见所闻所感”为题，在思政课课堂上开展此实践教学活动。用学生在生活中的所见所闻所感来引入“思想道德修养与法律基础”课中关于世界观、人生观和价值观的内容，培养学生树立正确的“三观”，以一种积极、昂扬的精神面貌来面对自己刚刚迎来的大学生涯，以务实、乐观、认真的态度来度过自己的人生。

（1）选题目的

“人生的青春之问”这一章实际上是讲学生对人生、世界和价值的认识和理解，它不同于某一个具体知识的学习，要求学生学习必须达到一致的准确理解。通过学生课堂分享这一具体实践，可以让大学生认识和了解到大千世界、芸芸众生，不同的人对于世界、人生和价值的看法也各不相同。虽然人的世界观、人生观和价值观不能整齐划一，但是在众多不同的观点、看法之中，个体也好，社会也罢，必须得有一个公众都认同且能达成共识的认识和理念，否则社会将会陷入私利横行、散乱无序的状态。只有在这一核心价值理念或者基本价值观的引领之下，充分尊重每一个个体的个体价值观，才能真正实现帮助当代大学生树立正确的世界观、人生观和价值观，走好自己的人生之路的目的。

（2）实践要求

“思想道德修养与法律基础”课程开始的第一节课即进行分享会实践环节的任务安排，学生以个人为单位进行分享，教师根据班级容量安排每一节参与课堂分享的学生人数及名单，并提前一周告知下节课参与分享的学生，让学生在心理上有所准备。学生分享的内容可以是自己曾经读过的一本书，也可以是一部影视作品，抑或自己近期在朋友圈、微博、门户网站上看到的有所感悟的文章或者事件，还可以是自己亲身经历的有启发和教育意义的事情。总之，内容来源不拘一格，但是所分享的内容的主旨必须是对当代大学生未来的人生发展、价值取向等有启迪与教育意义的。为了保证分享质量，让班级的其他同学都能印象深刻，进行分享的同学需要把自己分享的内容制作成 PPT，图文并茂地呈现自己所要分享的内容，并结合“思想道德修养与法律基础”课堂所学内容进行分析和阐释，在有感性体验的同时，不断提升自己的理性认知。

（3）活动评价

评价主体由思政课教师和 3 位本班同学共同担任，主要评价的指标有分享人的语言表达、PPT 制作质量或媒体技术运用、分享内容的时代性与启发性以及学生对分享内容的理论分析能力等。

2. 注意事项

分享会应该提前一周告诉学生准备，要求学生要做有准备的分享，而不是课堂随机分享一段感受。学生分享的内容应是真实发生或者自己亲身经历的事件，不能是随意虚构的，否则分享就失去了它的意义；学生应该尽量运用思想道德修养与法律基础课上所学内容和理论对分享的事件进行分析，将课堂所学理论与现实生活中的实际相结合，这才是思政课上分享会这一环节的意义之所在。

分享会不仅要分享，还要有点评。分享会应该是一个信息在师生之间、学生之间彼此输出输入不断交换的过程，倘若只是学生个体上台分享，没有任何反馈，久而久之分享的学生便感受不到分享带来的共鸣与乐趣，分享就会变成负担，学生甚至会开始应付。

分享会作为一种独立的课堂实践教学形式，必须有严格的要求，要让学生对分享有一种仪式感。学生会精心选择自己要跟大家分享的内容，精心制作自己分享时用以呈现自己思想和内容的PPT或者视频，调动自己的各方面才能，如素材搜集、视频剪辑、旁白配音，等等，用认真的态度去对待每一次课堂实践。课堂分享的过程中，教师要做好相关安排，捕捉台上同学的精彩瞬间，将每一位同学在分享时的精彩表现结集成册，在学期末最后一节课后放映给全班同学欣赏，让大家感受到用心做一件事情时的自己是最美的。

可以分享“袁隆平人生价值的实现”以及现实生活中的舍己救人、挟尸要价等事件，这会让我们看到不同的人不同的行为，同时也反映出多种不同的人生观和价值观。思政课教师要带领学生分析各种不同人生观与价值观的特征，各类人群未来在社会中的发展以及一个国家、社会的发展对于国民、公民的基本要求，进而引导学生正确看待社会中存在的多种不同的人生观和世界观，摒弃错误的人生观和价值观，树立正确的人生观、价值观。

3. 总结思考

分享会这一课堂实践教学形式的设计，并不是为了分享而分享，而是希望通过分享会这一载体和平台，培养学生充分利用自己课余碎片化的阅读时间，善于观察和敏锐感受生活中的人和事，善于发现问题，勤于思考，并将经过自己深入思考和精心设计的内容与同学、老师分享、互动，在思想碰撞的过程中加深对所学理论的认识，加深对自我、他人和世界的认识。

分享本身也是一种共享的理念，在共享的时代，大学生应该通过课堂分享会培养自己的共享意识，同时也深刻感受共享给个体、社会带来的益处。虽然现在资讯非常发达，但是每一个人还是有在认知、信息获取上的盲点，通过分享会这种形式，大学生能够深刻体会到与人分享、共享的魅力和价值。

二、学生论坛简析

（一）学生论坛介绍

教师认真讲，学生仔细听，这是传统课堂教学最基本的形式，也是最主要的形式，它的优势不言而喻，能够充分调动教师的知识储备和讲授技巧，在有限的课堂教学时段内为大学生讲授更多、更为深刻的知识与理论。但是这种教师讲、学生听的课堂教学方式也有其自身不可避免的不足，那就是不易调动学生的听课与学习积极性，尤其是在那些课堂讲授还不够生动的教师的课堂上。而当前发达的互联网与信息资讯系统又给大学生提供了非常丰富的信息获取渠道，学生可以借助很多媒介获得自己想要了解的知识，加之当前大学生又有较为强烈的表达自我的欲望。因此，这种既能调动学生学习积极性，又能展现学生才干的学生讲坛就在各个高等院校的课堂上应运而生了。

具体来说，学生论坛就是思政课教师为了让学生对某些重要知识点有一个全面、详尽的了解和认识，在思政课堂上设计一个教学环节即学生论坛，让学生以小组为单位，自己备课，然后再推选一名代表登上讲台为全班同学讲课，同时还要求该小组的学生回答班上其他同学在该知识点上存在的疑问以及教师的提问等。这种课堂实践教学形式，一方面能够激发学生以小组为单位收集资料、准备课程的协作热情，培养和锻炼其团队精神，另一方面也有助于大学生理解作为一名思政课教师的不易，看似很小的知识点，如果要把它讲全面，讲深刻透彻，需要花费大量的时间、精力去备课，进而懂得尊重知识、珍惜教师的劳动成果。教与学是一个相互促进的过程，这种实践教学形式为师生对于某个知识点的理解提供了一个全新的视角，也增进了师生双方的沟通和理解，真正让思政课走入学生的心中。

（二）有关学生论坛的教学设计

学生论坛是一个展示和锻炼学生综合能力的平台，同时也是帮助大学生对思政课上某一个知识点加深认识的重要渠道，它让学生变被动听为积极查找、主动学习、认真准备、大胆讲授。因为是大学生自己要在课堂上为大家讲授一个主题或者知识点，所以它能够激发大学生的学习热情，也能够培养学生严谨缜密的学习和工作作风。每一位同学都力求自己讲授的论据能够支撑自己的观点或者证明自己讲的知识点，所以每一个小细节都会认真、细致地去求证，容不得半点马虎。台下很长时间的准备是为了登上讲台为大家讲授之时能够获得全班同学及教师的认可，这对于学生的语言表达能力又是一个锻炼和考验。也正因为如此，学生论坛是思政课堂上非常重要的一个实践教学形式。

1. 设计思路

在“毛泽东思想和中国特色社会主义理论体系概论”课程中

"毛泽东思想及其历史地位"这一章节的教学过程中，学生论坛这一课堂实践教学环节就非常有必要。因为"00后"的大学生身处娱乐速食文化的时代之中，他们是网游、微媒体的忠实爱好者，他们课堂之外读书的数量在不断减少，他们对于领袖毛泽东的认知也仅仅停留在中学历史和政治课本上学到的层面，这显然是不够的。设计学生论坛"从毛泽东的诗词书画中感受其革命情怀"这一环节，就是为了让学生对毛泽东及其思想有一个自发的了解和认识过程，了解毛泽东的个人特点才能对其不同时代的思想转变以及以其为领导核心的中国共产党革命思想、道路的转变有进一步的认识和理解。

（1）选题目的

对毛泽东诗词书画的欣赏和分析比直接学习毛泽东思想让大学生感觉更为轻松一些，更有意思一些，更能激发他们的学习和参与热情。通过分析毛泽东笔下的诗词书画，学生对领袖毛泽东的认识和理解也能够更为立体、全面、真实，而不是停留在原有的、刻板的书本描述之中。毛泽东不同时期的诗词书画都是其当时的处境、心情、理想、情怀的一种真实展现，所以，引导大学生去查找、分析毛泽东的诗词书画，一方面有助于对领袖毛泽东有一个立体、全面的认识，另一方面也有助于提高大学生的诗词鉴赏与文化素养，还能有效锻炼学生的团队协作能力。最为重要的是，能够对不同时期毛泽东思想的内容有一个深刻的认识和理解。

（2）实践要求

"从毛泽东的诗词书画中感受其革命情怀"看似简单，实则工作量很大；对大学生的要求也比较高。

首先，学生论坛必须是以小组为单位进行，分工合作，充分发挥小组当中每一位同学的优势和特长。有人负责收集并选择毛泽东的诗词书画，有人负责分析诗词书画的内容与其所体现的毛泽东当时的处境与心情，有人负责将小组分析整理的资料与内容用最简洁、最有说服力的方式展示给全班同学。

其次，学生讲授应该紧密结合学生论坛的主题，既赏析毛泽东的诗词书画，又对其中蕴含的时代背景、革命情怀进行剖析，而不能将思政课上的学生论坛变成纯粹的诗词赏析。如若这样，学生论坛作为思政课的实践教学方式，其作用和效果就无法得到体现。

再次，不同小组在选择毛泽东诗词书画作品时尽量做到不重复，作品的时间段也尽量不要有交叉。这样可以确保通过学生论坛这个环节，让全班同学感受毛泽东不同时期的历史境遇、革命情怀，将课堂实践教学环节的作用充分发挥出来。

接着，学生在台上进行讲授时必须有相应的 PPT 支持，图文并茂地呈现，这样有助于其他同学对本组同学的介绍有一个具体的感知，对其所要表述的某个特定时期的毛泽东思想有形象的认识。

最后，台上同学进行相关内容讲授之时，台下的其他同学应认真听讲，不得扰乱课堂秩序，影响他人听讲；同时如有互动环节，台下同学也应该积极配合、互动，共同完成学生论坛这一活动。

（3）活动评价

评价主体由本小组成员、思政课教师和本班其他小组同学共同组成，主要的评价指标有资料选取的恰当与否，对诗词所涉及历史事件的分析的准确性、课堂讲授时的媒体技术支持与语言表达、讲授的内容对同学的启发性、讲授过程中是否存在明显的错误等。

2. 注意事项

学生论坛要求学生提前两周进行准备，准备内容包括小组的组建、组员的分工、讲坛主题的确定、资料收集等。教师对于准备阶段的严格要求是为了让学生不仅要通过学生论坛这一课堂实践教学环节对毛泽东思想及其历史地位有一个立体、深刻的认识，而且要借助此实践教学环节达到锻炼学生团队分工、协作共同完成任务的能力的目的，这一点是思政课教师在组织此类课堂实践教学环节必须谨记的。

学生论坛要求学生讲给大家听，而不是照着稿子上讲台读给大家听。对于这一点，思政课教师在布置任务时要反复强调。读和讲是两个不同的行为：读仅仅是机械地诵读，而讲则要充分调动学生身体的各个部分来协助其表达，试图达到让别人听懂的目的。而一个人要能很好地将一件事讲给别人听，必须是自己对这件事非常熟悉，有着深刻的认识，而且能够分析听众的兴趣点与需要，用听众能接受且喜欢的方式去讲，这对于一个人或者承担此次学生论坛的小组成员来说，是一个综合的考验，也是思政课实践教学的重要目的。

学生论坛要求在讲台下听讲的学生必须严格遵守课堂纪律，不得出现喧哗等不尊重台上正在讲授同学的行为，要求台上讲授的同学认真准备，努力将本小组的最佳状态呈现给同学。对纪律的要求在于，让大学生感受教师在台上讲课时的不易，同时自己也亲身体验台下同学的不守纪律的行为是对台上精心准备的同学劳动的不尊重。

3. 总结思考

学生论坛这一课堂实践教学形式是对思政课教师课上教学的一种有益的补充和帮助，毛泽东思想及其历史地位既需要思政课教师给学生进行正确的讲授和引导，也需要鼓励学生自己去深入探究。教师讲授毛泽东及其思想，学生只是被动地接受，甚至还会因为时代久远，以及学生认知偏差等方面的原因对毛泽东及其思想存在认知不足；而通过学生自己去查找、收集与分析资料，学生对于毛泽东及其思想会产生一种新的认识。例如因为要向全班同学公开分析、讲授毛泽东的诗词及其革命情怀，学生需要对毛泽东本人有所了解，而学生在收集有关毛泽东生平的相关资料时，发现原来毛泽东家族中有六位英烈为革命牺牲，毛泽东在革命历程中也遭受了种种磨难；也正是这些经历以及当时国家的境遇铸就了毛泽东强烈的革命情怀。学生经由学生论坛对某个历史人物、事件有了新的、客观的认识，这本身也是思政课实践教学的目的所在。

在学习中，时不时会出现学生对于革命人物、历史事件失之偏颇的认识和看法。思政课教师应该以此为契机，就某个具体的人物、事件或者知识点进行深入剖析，带着学生一起去寻找和发现问题之所在，真正让学生学会用毛泽东思想中的实事求是、一切从实际出发、具体问题具体分析等方法来发现问题、分析问题和解决问题，这也是大学生在思政课上学习毛泽东思想的真正精髓所在。学习毛泽东思想不是简单了解或者能够背诵毛泽东思想的内容，而是要真正理解并学会用毛泽东思想中的核心思想与方法去解决问题。

第二节　思政课堂实践教学之影像展播与角色扮演

一、影像展播简析

（一）思政课堂影像展播介绍

当代青年身处全媒体的时代，每天都可以通过各种渠道、载体接收各种自己喜欢的、感兴趣的资讯，在众多媒介载体之中，比较受大学生喜欢的有抖音、火山小视频、哔哩哔哩、微信、微博，等等。这些媒介都有一个共同点，就是图文并茂，影像资料较多，极具视觉冲击力，能够吸引年轻人的眼球，激发年轻人的浏览兴趣，内容也给年轻人留下了极为深刻的印象。时间长了，他们就形成了使用这些媒介的习惯，最终成为其忠实的使用者。在思政课堂上引入影像资料能够有效避免单纯理论讲授给大学生带来的枯燥感，同时影像资料极富视觉冲击力，能够吸引大学生的眼球，让他们对思政课的内容产生了解和学习的欲望和兴趣，这无疑有助于大学生更好地学习思政课。

具体来说，影像展播就是思政课教师根据思政课程教学的需要，在思政课的教学过程中有计划地播放一些弘扬社会正能量，体现中华民族抗争与探索的历程，展现中国革命和建设过程中涌现出的优秀人物与事迹的影像资料，以期能够激发学生的爱国热情，培养学生的家国情怀和优良道德品质，有效提升思政课的教学效果。影像展播作为思政课课堂实践教学的一种形式，影像资料也只是一种载体和媒介，不能完全代替课堂教学，而且影像资料中纪录片比较多，一部纪录片的时间比较长，所以思政课堂上影像资料的播放时间也是要有严格限制的，不能一节课都用来播放影像资料，而应该在有所选择、截取的基础上为学生播放优质资料。播放影像资料的目的是通过影像资料激发学生的学习兴趣，加深其对某个知识点的理解，同时通过观看后课堂提问的方式，引导学生思考并付诸行动。如果学生对课上播放的影像资料兴趣浓厚，教师可以提供影像资料的链接或者资源，让学生在课下自行观看学习。

（二）思政课堂影像展播的教学设计

影像资料具有很强的视觉冲击力，能够给人以单纯口头讲授无法达到的感官冲击，这一点对于大学生能够产生较为强烈的吸引力。影像资料的这一特点能够激发他们观看影像资料、思考影像中所反映的现象和问题的兴趣。思政课教师带着这些学生的疑问和想要进一步了解的问题进行课堂教学，无疑能够紧紧抓住大学生的课堂注意力，将“毛泽东思想和中国特色社会主义理论体系概论”课程中的理论和知识通过一种生动的方式展现出来。影像展播是毛泽东思想和“中国特色社会主义理论体系概论”课程中经常被用到的一种课堂实践教学形式；它将离当代大学生比较久远的历史事件与人物通过具体的影像资料呈现在大学生面前，这无疑增强了该门课程的吸引力和学生对于所学知识点的关注度，同时也有助于提升该门课的教学效果。

1. 设计思路

在“毛泽东思想和中国特色社会主义理论体系概论”课程中“新民主主义革命理论”“社会主义改造理论”以及后续其他章节的教学过程中，影像展播是一个非常必要且作用明显的实践教学环节。新民主主义革命是身处半殖民地半封建社会泥沼中的中国人民发现资产阶级民主革命在中国行不通，进而寻求新的救亡图存道路的一种选择，其中艰险及其对于中国社会发展的重要意义自不待言，但是其背后各个阶层的努力、抗争与探索过程需要我们铭记，需要当代大学生深刻理解和领会，并能从各阶层的抗争与探寻过程中得到启发，为中国社会未来的发展提取有益的、可资借鉴的宝贵经验。可以说，影像展播这一实践教学形式具有其他实践教学形式无可比拟的优势。

（1）选题目的

通过影像资料将新民主主义革命过程中各个社会阶层为中华民族的救亡图存所做的努力一一呈现，通过直观的视觉画面，让当代大学生感受当时国家羸弱、人民贫困的艰难处境，领略中国共产党领导无产阶级是如何在极其恶劣的环境之下探求中国未来的生存和发展之路的。一方面在情感上激起大学生对于中国革命道路艰险的情感共鸣，另一方面激发大学生去思考今后我们国家的发展路径与方向在哪里，帮助大学生对中国革命道路的认识从感性认识上升到理性认识，能够从思政课的学科角度去看待和思考问题，做到理论联系实际。

（2）实践要求

影像资料的选取必须严格围绕“毛泽东思想和中国特色社会主义理论体系概论”的具体章节内容进行，而且要以能够准确、真实反映历史事实的纪录片为主；向大学生准确呈现某特定历史背景下的中国现状，禁止不加判断地随意选取视频资料在课堂上播放，造成大学生的错误认知。如第二章新民主主义革命理论部分，在影像资料的选取上应该选取能够真实反映当时社会各阶层为救亡图存而奔走呼号的艰辛抗争、求索的过程，而不是单纯讲述该历史时期的事件。

影像资料的使用必须跟课程的授课课时相结合。课堂实践教学是思政课教学的一种有益补充，是为了帮助大学生对某个相对久远、陌生时代的人和事有一个客观的、理性的认知。更为重要的是要以影像资料作为一个兴趣点，激发和引导学生积极、主动地去收集和分析相关资料，认真聆听思政课教师讲解，对新民主主义革命及其理论有一个全面的、客观的认识。为此，思政课教师要把握好影像资料在课堂上的放映时间，禁止只放影像资料而不加引导和分析，思政课教师在放映影像资料之前，可以通过视频剪辑的方式，将一部纪录片中多个非常重要的片段进行剪切，然后再加以合成，争取做到让学生在较短的时间内，能够对某一个历史时期的人物和事件有一个清晰的认识。

使用影像资料是为了帮助学生更好地理解某个知识点，所以，在播放影像资料之前，思政课教师要把需要学生经由影像资料思考的问题抛给学生，让学生带着这些问题去观看，即有目的地观看，并且在观看的同时思考，以加深对知识点的认识。同时，在观看完视频资料之后要及时进行课堂提问，了解学生通过视频资料对所学知识的掌握程度。

（3）活动评价

评价主体由思政课教师和 3 名本班同学组成，主要的评价指标有是否认真观看、对影像资料主题的把握程度、对思政课教师布置问题的回答质量等。

2. 参考资料

民族资产阶级和非公有制经济在革命、改造和建设过程中发挥了重要作用且做出了卓越贡献，但这对于当代大学生来说，毕竟是发生在久远的过去，很多学生并不能很好地理解这段历史以及非公有制经济的地位和作用。而思政理论课不但要有理论性，而且要有政治性。因此可结合当前我国民营经济的发展现状以及在一段时间内甚嚣尘上的“民营经济立场论”的言论，在第二章和第三章的教学过程中，有必要引导学生了解一下不同时期我党对于非公有制经济的不同认识与政策嬗变，让广大大学生对中国的革命、建设道路和非公有制经济有一个正确的、理性的认知，并且在未来选择就业时能够理性抉择，以避免因出现偏激、错误的就业理念而影响就业。对此，可以查找一些相应的资料。

3. 注意事项

影像展播的目的在于让大学生了解中国社会各阶层在新民主主义革命和社会主义改造过程中的努力，激起学生对于革命与探索之艰辛的情感共鸣，所以展播影像资料的选择就显得尤为重要，这就要求思政课教师在影像资料的选择上要下功夫，要紧紧围绕教学内容和目标进行选择。同时还应该注意在选择影像资料时，要将严谨的纪录片和源于现实又高于现实的电视剧进行区分，纪录片的时长要通过有效的剪辑进行控制，而能够更好地吸引学生注意的电视剧片段，思政课教师要对其中与历史和实际不相符合的地方进行解释和修正，避免造成学生认知上的错误或误区。

影像展播虽然是以影像资料的方式帮助学生加深新民主主义革命和社会主义改造相关内容的理解，但是思政课教师不能只是单纯地播放影像资料，而应该注意结合课程所学内容对影像资料进行解读。帮助学生理解，避免出现观看影像资料时感觉很好、看过资料后过目全忘的现象，以提高影像资料使用的教学效果。

影像展播虽然更具直观性，更便于学生理解某段历史时期发生的人和事。但是能够看懂影像资料中的内容，特别是纪录片中的相关内容，需要大学生对这段历史或者教材中的相关理论知识有一定的了解，这就需要学生提前做好预习的工作，否则，影像展播对于一些学生来说只能是了解一个梗概。而协助大学生做好影像资料展播前的预习工作可以通过思政课教师布置预习思考题来实现，给学生以方向性的指导，这样能够有效提高影像展播实践教学环节的教学效果。

4. 总结思考

影像展播这一课堂实践教学形式能够弥补单纯课堂讲授的很多不足，是大学生比较喜欢的一种实践教学方式。思政课教师在使用这一教学方式时要在影像资料激起学生情感共鸣的基础上将本章教学内容的重点与难点有机渗透到对影像资料的阐释当中，将学生对新民主主义革命和社会主义改造的认识由浅显的感性认识上升到具有理论概括和总结的理性认识层面，真正把毛泽东思想和中国特色社会主义理论体系概论的理论性体现出来。

学习新民主主义革命理论和社会主义改造理论，一方面是为了了解两个不同历史时期中国共产党人在革命和建设的过程中所做的艰苦卓绝的探索和努力；另一方面是从历史和现实的对照中掌握中国共产党对于不同社会组成部分、经济成分的一贯政策、方针，能够运用马克思主义相关理论、方法去看待和解决现实中存在的具体问题，增强大学生发现问题、分析问题和解决问题的能力。

二、角色扮演简析

（一）、思政课堂角色扮演介绍

1. 角色扮演的含义

人是社会性的动物，在人的社会性存在中，每个人都需要和社会中的他人发生联系，同时也只有在与他人的合作中才能实现自己的人生价值。当前大学生是一个有思想、有个性的群体，他们渴望展现自我，得到他人、社会的认可，但是由于其生活特有的时代背景导致其大部分都是独生子女，在其家庭生活中缺乏与同辈互动协作的经历，这也导致这一代人普遍存在不同程度的以自我为中心的性格特点。然而，现实的社会生活却是一个需要彼此协作方能成就你我的场域，因此，懂得换位思考，能够理解、包容、合作是当代大学生未来发展的必备品质，也是思政课在高校人才培养方面的重要目标。广大大学生在成为社会的栋梁之前首先要成为一个有思想、有道德的青年，成为一个能够与他人良好沟通、互动、协作的青年。

具体来说，角色扮演就是在思政课上教师根据教学需要设计一个情景，情景要真实、具体，让学生身临其境，真实感受不同情景之下人的感受、思想与行为，从而对某个问题或者某种理念有一个科学、全面的感知和认识。在思政课教学过程中，尤其是思想道德与法治这门课的教学中，涉及很多关于人生观、价值观、理想道德、法律规则等方面的内容需要给大学生讲述，然而仅仅依靠教师的讲授往往难以达到让学生感同身受，进而学会换位思考、理解他人的目的。角色扮演则能以一个全新的视角和方式帮助大学生对某个问题，对某些人的理念、行为有一个全新的理解和认识，走出之前的认识误区或者发现自己在认识上的盲点，还能通过真实的情景模拟和具体角色的扮演更深刻地感受此时、此地、此人、此景，理解当事人的感受与行为，做一个有情感、有情怀、有理性的青年人。

2. 角色扮演在思政课实践教学中的必要性分析

首先，实践教学中思政课教师扮演好自己的角色是施教过程中教师主体作用的体现。从教学中“双主体”的地位来看，无论怎样强调学生在接受过程的主体作用，也不能抹杀或取代教师在施教过程的主体作用，这是由思政课在教育活动中教师“教者”这种本质性的身份所决定的。所以不管是理论课还是实践课，思政课教师在教学过程的主导作用都是需要强化的，由于实践教学经验性的限制，如何强化实践教学中教师的主导作用尚有待我们去探究。

其次，重视教师的角色扮演也是实现思政课实践教学的目标所决定的。实践课既然是理论课的延伸和深化，就必须围绕为社会培养有德性的人来进行。而对于高校而言培养具有一定职业素养能力的人乃是学校的人才培养目标，在这点上，教师必须做到心中有数。教师应进一步组织实施、创新授课模式。提高实效，使学生通过实践教学积累一定的职业素养经验，为今后走向社会奠定基础。这再次肯定了思政课教师在实践教学中的主导作用，同时也对他们的思想政治素质和业务素质提出更高的要求。

最后，实践教学中教师扮演好自己的角色是在高校思政课中融入社会主义核心价值体系教育的需要。社会主义核心价值体系要想被当代大学生所认同，成为大学生比较稳定的价值取向，就必须抓住实践教学这个平台，将核心价值体系的相关内容融入实践教学，使相对抽象的理论和学生的生活实际相结合，让学生感同身受。而要达到这个效果，教师扮演何种角色就显得特别重要，大学生接受了教师扮演的角色也就容易接受其传授的知识。

二、思政课堂角色扮演的教学设计

角色扮演是以学生为中心的教学互动，是一种提高学生参与积极性的实践教学形式。作为课堂实践教学的重要形式之一，角色扮演的实践效果历来都非常显著，深得思政课教师与学生的喜爱与认可。角色扮演最主要的目的有两个：一方面，要让学生用自己所扮演角色的思维去思考，去行动，去揣摩自己所扮演的角色本人是怎么想的，他应该怎么做，他为什么会这样做；另一方面，通过角色扮演，大学生也能感受到面对他人对待自己的某种态度时自己的感受是什么样的，而这种态度恰恰是自己曾经用来对待别人的态度。角色扮演在思政课教师的精心设计之下，能够让大学生通过扮演不同的角色来获得不同的感受，对他人、对事物有一个更为真实、全面的认知。

1. 设计思路

在“思想道德与法治”课程中“明大德、守公德、严私德”这一章节的教学过程当中，职业道德、家庭美德以及社会公德是当代青年处理好与同事、家人、社会之间关系的重要媒介。在单位如何与同事相处、在家庭中如何与家人互动、到社会公共场所中如何与他人交流都是既需要一定的道德涵养，又需要一定的沟通技巧，对个体的要求非常高，而这种能力的培养和获得也绝非一朝一夕之事。因此，在这一章设置此课堂实践教学环节非常有意义。

(1) 选题目的

角色扮演的精髓就在于引导和启发人们进行换位思考，能够了解和体谅他人，感受他人的工作环境，体验他人此时此地的真实感受，从而对他人多一份包容和谅解，对自己多一份自律和约束，进而提高当代大学生以及整个社会的道德素养与水准。

（2）实践要求

角色扮演这一课堂实践教学形式通常需要两个或两个以上的学生参与，扮演某一事件中的双方或者多方角色，让学生体验理智与冲动带给他人的不同感受。同时还可以结合高校学生所学的专业，将专业知识与思政课上所学知识有机结合并呈现出来，让学生在具体实践中获得真实的感受和体会。例如，以法律文秘专业为例，以某个庭审现场为基本背景，让学生进行角色扮演，感受缺乏道德与法律意识的“伤人老赖”对被伤害者造成的严重影响。学生们一个扮演法官，一个扮演原告，一个扮演被告，还可以有原告和被告代理律师的扮演者。

（3）活动评价

评价主体由思政课教师和本班学生共同担任，学生评委可以从进行角色扮演的学生和观众当中各选两位，让扮演者和观众分别从不同的角度对这一实践环节进行评价，并注意掌握好时间，每人3分钟，不能超时，以免影响整个课堂教学的进度。教师作为评价的主体，其主要评价指标是学生角色扮演得是否到位、对于人物言行的把握以及学生评价是否中肯等方面。角色扮演这一课堂实践教学环节最重要的评价依据就是学生是否在扮演和观看的过程中有所感悟和启发，对他人的处境、对社会的发展阶段有所体认，进而在未来不断更新自己的思想，修正自己的言行，努力做一个有责任、有道德、有担当的新时代的新青年。

2. 注意事项

角色扮演这一课堂实践教学的主要目的在于通过扮演不同的

角色，让大学生对自身平日的言语、情感、行为、思想能有一个反思的机会，因此对于角色扮演者的要求较高。要求扮演相应角色的学生首先要揣摩好所扮演角色的心理，其次，要将角色的言行逼真地表演、展现出来，最后还要紧密结合思政课堂的教学内容进行。

角色扮演对于教师的要求主要体现在对于表演现场及表演效果的把控上，因为一场精彩的表演能让所有学生的内心都有所震撼和感动，而一场糟糕的表演则既浪费宝贵的课堂时间，又让学生倍感失望，进而对实践教学失去兴趣。因此，教师既要指导台上学生的表演，又要注重调动台下学生积极性，还要保证表演不能偏离思政课的教学内容，要与本节课教学想要表达的内容密切相关。

3. 总结思考

角色扮演主要是通过学生表演的形式让大家有所感悟、思考，因为学生的表演大都很青涩，甚至有些蹩脚，所以时不时会有让大家爆笑的情节，但是绝对不能让角色扮演这一实践教学形式沦为学生一笑而过的环节。思政课教师应该积极发掘学生扮演过程中积极的一面、闪光的一面，以引发学生整体对于某一事件的思考与讨论，将表演展现的现实与思政课教学中的具体理论内容相结合，让学生感受到思政课既富有理论性的一面，又有特别贴合实际接地气的一面。

第三节　思政课堂实践教学之焦点讨论与课堂辩论

一、焦点讨论简析

（一）思政课堂焦点讨论介绍

家国情怀是源自青年内心的一种质朴情感，也激励着一代又一代青年人奋斗不息。当前大学生身处全媒体时代，每时每刻都能轻松获得来自全球的资讯，这些信息当中既有政治方面的，如各国政党新闻事件、国家间的政治往来等；也有经济方面的，如各国经贸往来、全球经济动态等；还有文化方面的，如各类主流文化、亚文化之间的交流与碰撞等；还有生态方面的，如全球生态危机等。

具体来说，焦点讨论就是在思政课的课堂教学中引入当前时段的国内外热点问题或者话题，让教师和学生共同就这一被人们广泛热议的焦点问题进行讨论，在师生共同讨论的过程中，教师引导学生去深入分析和思考问题。焦点讨论的“焦点”主要体现在两个方面，一个是问题本身是“焦点”，另一个是让讨论成为本节课的“焦点”。问题本身是“焦点”的意思是思政课上讨论的问题本身就是当前时段内人们所广泛关注的焦点问题，大学生也非常关心、想要了解的事件；同时对于此事件也有着自己的看法和观点，如“霸座”现象、“一带一路”高峰论坛、特蕾莎·梅辞职等。让讨论成为本节思政课的“焦点”是指，让焦点讨论环节成为课堂上大学生能力素养提升的关键环节，让学生在具体人物事件、特定话题的讨论中，学会从多个维度去思考问题，进而培养成一种良好的思维习惯，经常去思考规则制度、人性道德、权利与义务以及一个国家的历史发展、政党的更迭等，从而更为深刻、主动地去理解客观世界和自己的主观内在。焦点讨论中焦点的选取对于教师的要求很高，一方面教师要真正选取学生关注的当前热点、焦点，另一方面要真正将焦点讨论打造成提升学生能力素养的焦点环节。

引入社会焦点作为课堂案例可以发挥思政课的实效性。但是，社会焦点语言具有分散性和多元性，需要加工整理才能转化为课堂讨论的话题语言和价值共识语言。

（1）将社会焦点文字置换为讨论话题语言

社会焦点文字具有更新速度快、涉及范围广等特点，这一特性要求教师在思政课上要合理加工社会焦点文字，在此基础上进行语言转换，才能转换为讨论话题语言。

（2）将社会正能量语言升华为师生共识性语言

所谓社会正能量语言，是指在社会层面，人民大众内心普遍接受和认同的语言形式。而对于思政课堂而言，需要思政教师将这些话语引入课堂，同学生实际相结合，形成师生共识性语言，从而使学生认同并践行。

（二）思政课堂焦点讨论教学设计

在这个资讯异常发达的全媒体时代，足不出户即可了解全球资讯要闻，而大学生又有着很强的好奇心和求知欲，焦点讨论理所当然成为当代大学生喜欢的课堂实践教学形式。焦点讨论旨在引导学生关注生活，关注国内外社会热点，在关注的同时还能保持理性的认知去分析问题，进而提出具有建设性的解决问题的想法或方案，培养和锻炼大学生理性看待问题的素养和能力。

1. 设计思路

在“思想道德与法治”课程中“明大德、守公德、严私德”的教学过程当中，可以设计“焦点讨论”这一实践教学环节。因为大学时期是个体道德意识形成和发展的重要阶段，尤其是在这个“人人都是通讯社，人人都有麦克风”的自媒体时代，大学生每日都可通过各种媒体途径获得全球各地的资讯信息，特别是涉及个人言行道德与社会公德的事件。焦点讨论这一形式不但可以让大家了解当前的国内外社会热点事件，而且还能了解大学生对于热点事件的观点和看法。与此同时，在任课教师的引导下，帮助大学生运用思想道德修养与法律基础中关于道德的内容进行分析，教育学生作为个体存在应该严守私德，作为公众中的一分子应该恪守社会公德，真正做一名道德高尚的人。

（1）选题目的

“明大德、守公德、严私德”这一章就是要告诉大学生何谓道德，道德的重要作用，以及道德在个人、家庭、职业和社会等不同场合中的体现，让学生明白道德对于个体和社会发展的重要性，教会学生在个人成长、婚姻家庭、职业生涯和社会生活中都要严守道德，不做有违道德之事，弘扬真善美，抨击假恶丑，勇于跟社会上的不良风气和行为做斗争，做一个有益于家庭、社会和国家的善良之人。焦点讨论聚焦的事件或者个人也许并不是学生自己，但是透过他人的言行举止以及社会对于此种行为的评价，教师可以引导学生从个体、家庭、社会等多个角度用思想道德修养与法律基础中所学的关于道德的相关知识进行理解和分析，举一反三，对同类的事件有一个更为清晰、深刻的认识。

（2）实践要求

焦点讨论不同于分享会，分享会是每名同学就自己的所见所闻所感与大家分享，而近期的焦点人物、事件是一定范围内的人们都普遍关注的，所以课堂实践教学环节中思政课教师选取的焦点往往是近期国人或者广大大学生都非常关注的事件。焦点讨论往往以小组的方式进行，要求学生对所讨论的焦点事件有充分的了解，包括事件本身是什么、新闻媒体对于事件的报道是怎样的、我们小组的观点是什么。而作为任课教师，既要知道学生对于某热点事件的看法观点是否一致，如果不一致都有哪些分歧或者不同，又要能够透过事件的表象看到事件背后反映的本质，引导学生对某一问题进行深入、全面的分析和认识，由最初的感性认识上升到理性认识。

（3）活动评价

评价主体由思政课教师与学生共同担任，学生评委由学生民主推选产生，每个小组推选出一名学生评委，主要评价的指标有讨论是否紧扣焦点事件、讨论的核心观点是否正确、讨论过程中是否有人身攻击等不礼貌行为、是否结合思想道德修养与法律基础所学知识对所讨论的焦点进行分析等。

2. 注意事项

焦点讨论要求教师选取焦点事件时要有针对性，例如，“霸座”事件之所以成为被选取的焦点，一方面是因为它是近期社会、网络热议的事件，人们都非常关注此事件，而且人人对此都有话说，把它引入思政课课堂上，大学生也比较熟悉，而且有很多想法、观点想要表达；另一方面是因为“霸座”事件本身就是当事人自身道德素养低下的一种体现，同时也是对社会公德的践踏，在当前社会环境之下，不遵守社会公德的行为带给社会的影响越来越大，也越来越受到社会公众的关注，讨论此事件能够激发大学生的思考。

焦点讨论的过程中，经常会有一些消极的、负面的事件出现或者被提及，思政课教师应该注意。一方面，不能回避这些事件；另一方面，思政课教师要进行正确的分析和有效的引导，引导大学生建立一种积极、正向、理性的认知。

焦点讨论只是思政课上的一个组成部分，只是课堂实践教学的一个形式，不能占据整个课堂，因此，焦点讨论要求教师控制好讨论的时间，既要让学生在焦点讨论的环节有所收获，又要合理安排好课堂的教学进程，不能让讨论占据整节课堂，因为讨论只是一个载体、途径，深入、全面地认识道德并将其变成自己今后的行为，才是焦点讨论的教学目的。

焦点讨论环节要求学生遵守讨论的规则，不能有不文明的行为出现，同时在讨论此焦点事件的时候既要能够就事论事，分析所讨论焦点事件的原委，又要能够举一反三，思考并列举出现实生活中存在的各种不讲道德、有损公德、破坏秩序的行为，增强大家对不道德行为的直观感知和印象。

焦点讨论以小组为单位进行，但是要注意小组内部前期的讨论，一方面要充分发扬民主，让小组的每一个成员都有机会发言，表达自己的观点；另一方面每个小组中被推选出代表小组参加班级讨论的同学必须充分总结并代表本小组成员的观点，不能以偏概全，更不能只发表自己个人的观点而漠视其他同学的观点。

3. 总结思考

不同的时间段会有不同的社会焦点产生，这些焦点中既有积极、正向、充满正能量的事件，也有消极、颓废、挑战社会道德底线的恶性事件。思政课上焦点讨论这一实践教学环节，就是要培养学生对于某一重要的热点问题进行理性思考、分析的能力，同时在一节完整的思政课上让学生感受到课堂的焦点环节对自己的启发很多，自己也收获了很多知识，学习有获得感。

焦点讨论本身也是激发学生思考的一种非常好的方式，讨论意味着表达，而表达必须有思考的过程，要想表达得好，就必须有一个缜密的思考过程。因此，焦点讨论看似是对某一个热点问题、事件的讨论，实则也是对学生思考能力的培养和锻炼。

二、课堂辩论简析

（一）课堂辩论介绍

1. 课堂辩论的含义

当代大学生热情奔放，愿意表达自我，也喜欢通过与他人辩论来表达自己和证明自己，这无疑是思政课上开展课堂辩论的有利基础。辩论这一形式既符合当代大学生的特点，广受大学生的喜爱，又能够有效提升大学生的口头表达能力、随机应变能力和理性思辨能力，还能帮助学生不断扩展和深化自己所学知识，一举多得，是非常好的一种课堂实践教学形式。与此同时，课堂辩论对于教师的要求也很高，一方面需要教师选取合适的辩题，即辩题既要激发大学生的兴趣，让学生想要说点什么，又要有一定的难度和挑战性，需要学生搜集、查找大量的资料去佐证和支持自己的观点；另一方面，在辩论过程中也需要教师对辩论的方向和进程进行有效的引导，让辩论在一种和谐的氛围中有序进行。

具体来说，课堂辩论就是思政课教师结合教学内容在适当的时机选取适当的辩题让大学生在课堂上发表自己的观点，对不同观点进行辩驳，通过辩论这一活泼的课堂实践形式，让学生对某个问题有更为全面、深刻的认知。课堂辩论从表面看只是课堂上几十分钟的双方辩论，实际上却是对学生多方面能力的综合考察。在准备辩论之时，双方辩手要查找大量的资料，既要有佐证己方观点的资料，又要有辩驳对方观点的资料，同时还需要双方辩手内部合理分工、有效协作，发挥每个人的最大优势。在具体展开辩论之时，双方辩手需要高度集中注意力，随机应变，恰当地表达自己、辩驳对方，同时还要注重辩论的礼仪，做到有礼有节。真理越辩越明，辩论这一思政课课堂实践教学形式有助于大学生在辩论中不断重新认识和修正自己的价值理念，进一步明确自己的人生理想与信仰。

2. 课堂辩论的优势

课堂辩论由于在针对性、操作性、实效性方面具有独特的价值优势，被很多高校作为思政课实践教学的重要方式并取得良好效果。

第一针对性强，即辩题设置能更好地体现教学内容和实现教育目的。

第二操作性强，即辩论活动更容易组织和促进学生参与。

第三实效性强，即辩论过程更能提高学生的各种能力和思想政治素质。

（二）课堂辩论的教学设计

辩论表面看是一个个体语言的赛场，其背后是资料收集整理、团队协作的考验。它既能展现大学生的思辨才华，激发他们的学习和探索兴趣，又能锻炼团队分工、协作、默契配合的能力，是一个深受大学生喜爱的课堂实践教学形式。在当前自媒体发达的舆论与社交环境之下，每个人都可以接收到海量的资讯，不知不觉中对某些问题形成了自己特有的认识和看法，但这其中也有一些不正确或者偏激的观点。大学生涉世未深，接触社会有限，三观也尚未完全定型，对问题的认识有限，在思政课的课堂上选取中国革命或建设过程中的某一个主题引导大学生进行辩论，可以帮助当代大学生重新检视自己的观点，从更多的视角去看问题，去倾听他人对于同一个问题的不同看法和认识；进而修正自己的观点，建立新的理性认知。结合“毛泽东思想和中国特色社会主义理论体系概论”的相关内容可以帮助大学生对某个历史时期的制度、政策、人与事有一个更为全面、立体的认知，提高思政课的教学效果。

1. 设计思路

在“毛泽东思想和中国特色社会主义理论体系概论”课程中，“邓小平理论”的教学过程中，涉及改革开放、市场经济，涉及“一国两制”，涉及物质文明与精神文明两手抓，这些都是人们感兴趣且经常议论的话题。人们的观点不尽相同，再加上当前自媒体、微媒体时代信息传递的飞速与便捷，每一种观点都可能会比以前影响到更多的人。课堂辩论这一课堂实践教学环节在“邓小平理论”这一章就显得尤为重要，因为道理越辩越明，只有把具有争议的观点摆出来，让大家去思考、分析、辩论，我们才能有机会对这个观点、思想、政策进行全面、立体的剖析，分析正确与错误之处，而通过辩论思政课教师也能敏锐地发现当代大学生所思所想，及时发现和纠正其错误的认知。因此，可以说课堂辩论是学习“毛泽东思想和中国特色社会主义理论体系概论”第五章内容的一个非常好的载体。

（1）选题目的

在“邓小平理论”这一章里，一个非常重要的知识点就是改革开放，改革开放是当时中国发展的重大决策，也是四十多年深刻影响中国经济、政治、文化和社会方方面面的重要战略行为。改革开放的过程中，也有两种不同的观点，有人认为改革开放带来的物质影响更大，有人认为改革开放带来的精神影响更大，改革开放对中国的影响到底是物质方面的还是精神层面的，抑或两者兼有？选择“改革开放带来的物质影响大？还是精神影响大？”的辩题就是为了让大学生对改革开放这一深刻影响中国的决策和行动有一个全面、深入且理性的认识，同时也要在对“改革开放”的认识上有一个升华，即改革开放不仅是一种具体的决策、行为、行动，更是一种精神，一种坚韧、奋发、改变、创新的精神，改革开放带给我们的不仅是物质生活上的改善，它更在精神上深刻地影响着我们、改变着我们。这既是在这一章开展课堂辩论这一实践教学形式的目的所在，也是选择这一辩题的目的所在。

（2）实践要求

①组建团队。辩论赛是一个需要团队协作的活动，因为各种原因，思政课都是以院为单位上课。在辩论赛的团队组建过程中，可以以班级为单位组建团队，这样一方面有助于辩论团队的组建，另一方面有助于增强班级的凝聚力。每个班级再自行选择4名同学作为辩手参加辩论。

②抽取辩题。思政课教师给出两道辩题，由学生根据自身兴趣选取其中一个，并由每个班级选派1名代表通过抽签决定自己的辩题方向，即确定正反双方。

③辩论准备。提前组建团队，根据辩题，思政课教师给双方辩手留出一周的时间进行准备。这期间，双方可以收集辩论资料、学习辩论技巧、进行辩论演练等。

④辩论现场。双方辩手需要高度集中注意力，随机应变，恰当地表达自己、辩驳对方。辩论团队内部要分工合作，默契配合。思政课教师要做好辩论场现场的整体掌控工作，保证课堂和辩论的秩序。

⑤辩后总结。辩论的过程中能暴露很多问题，而辩论的目的是让大家对改革开放有更全面、理性的认识，对改革开放有一个

认识上的深化，因此，辩论之后的总结必不可少。思政课教师应该重视辩论本身，更应该关注辩论之后的总结，了解大学生通过辩论对于改革开放有没有新的认知；对这一政策对于中国的影响有没有理性的认知，通过辩论是否有助于大学生坚定改革开放的基本制度等。与此同时，还应该详细总结参加辩论的同学的表现：是否在辩论的同时保持了应该有的辩论礼节、是否尊重对方辩友等。

（3）活动评价

评价主体由思政课教师、双方辩论队成员以及经由选举产生的学生评委共同组成，主要的评价指标有思路是否清晰、反应敏捷程度、论据是否充分、对辩题的理解和阐释程度、是否注意辩论礼仪等。

2. 参考资料

《社会主义建设道路初步探索的理论成果》和《邓小平理论》这两个章节的教学过程中都讲到制定关系人民生活、社会安定、国家发展的重大政策、制度时应该秉持实事求是的态度：实事求是地分析中国当时所处的历史时期和经济社会发展程度；实事求是地分析当时中国社会最主要的矛盾，这样才能少走弯路。这两章内容当中有一个非常重要的知识点即中国社会的主要矛盾分析，只有正确认识和分析当时中国社会的主要矛盾，制定的制度、方案才能有针对性，才能适合中国的国情。教师有必要通过课堂讲授和实践教学环节共同来帮助当代大学生对这个问题有一个清晰而深刻的认识。

第四节　思政课堂实践教学之专题讲座与案例分析

一、专题讲座简析

（一）专题讲座介绍

专题讲座也是思政课课堂实践教学的形式之一，它不同于焦点讨论，焦点讨论的主要目的是让学生关注生活、关注社会、关注时政，善于发现和思考问题，引导学生从多维度思考和分析问题，学生是主体，教师是辅助。但是专题讲座则不然，专题讲座是就某一个热点问题、难点问题，邀请知名专家、学者或者对此方面有深入研究的本校教师为学生进行系统讲授，帮助学生更深入地理解该问题。这其实是对思政课课堂教学内容的一个再丰富和补充，有效弥补了思政课中经常出现的教学内容很多，但教学时间不够，很多知识点无法详细深入讲解的不足。因为对某一个热点或者难点问题的系统讲授过程本身就会涉及很多知识点的回顾与认识，同时，专题讲座基本都是在征求学生意愿的基础上开展的，所以专题讲座的主题也往往会是社会的热点问题或者老大难问题。因此，专题讲座既能结合社会实际，又能从专业、学科的角度去深刻剖析当下社会存在的各种问题，还能在某一专题的讲授过程中将最新的学科前沿理论带给广大大学生，真正将思政课与社会实际和理论前沿有机结合起来。

（二）专题讲座的教学设计

“毛泽东思想和中国特色社会主义理论体系概论”是一门极富思想性、政治性和历史性的课程，对于其中很多知识点或者某个具体问题的理解都需要有一定的历史背景知识；而且某一个问题从产生到发展是一个逐渐演进的过程，需要系统地分析方能对它进行全面的掌握。短暂的课堂讲授显然不能满足学生对于某个知识点全面理解和掌握的需求，而专题讲授作为课堂实践教学的一种重要形式能够有效弥补这一不足，通过邀请某一方面的专家或者对此方面有深入研究的思政课教师，就某一知识点或者问题进行深入、系统的阐述，有助于大学生真正理解某个历史时期党和国家的决策、制度，同时也能联系当今时代的社会现象与问题进行分析，从而对学生们有所启迪。可以说，专题讲座能够真正将思政课与社会实际和理论前沿有机结合起来，是一种非常重要的课堂实践教学形式。

1. 设计思路

在“毛泽东思想和中国特色社会主义理论体系概论”课程中“‘五位一体’总体布局”这一章节的教学过程中，要让大学生认识到中国特色社会主义是全面发展的社会主义：经济建设、政治建设、文化建设、社会建设、生态文明建设作为一个整体，就像纵横全图的经纬线，勾勒出了我们国家富强民主文明和谐美丽的社会主义现代化强国的壮美景象。对于“五位一体”总体布局中的经济、政治、文化和社会建设这四个方面，大学生都能够比较好地理解，但是在讲到生态文明建设的时候，很多学生认为在当前中国的发展阶段过分强调生态文明建设会阻碍我国经济的高速发展，还会影响人民群众的生活质量。由此可以看出，生态文明建设这一部分需要思政课教师在讲授过程中特别注意，生态文明建设是"'五位一体'总体布局"的有机组成部分，教师不能割裂地讲授生态文明建设，要从整体的视角给学生阐述生态文明建设的由来、发展。而专题讲座就是一种非常好的课堂实践教学方式，它能够完整、系统地向学生阐述我国提出生态文明建设的原因以及生态文明建设近些年来在中国的发展及其取得的显著成效，从而有助于大学生树立正确的生态价值观，将生态文明的思想和理念渗透到自己的生活中，转变为自己的具体行为，替子孙后代保管好地球这份珍贵的礼物。

（1）选题目的

为了纠正部分大学生在"'五位一体'总体布局"这一章中对于生态文明建设的不当理解，帮助他们确立正确的生态价值观，教师应在大学生中倡导一种绿色、低碳、节能环保的生活方式，将生态保护、绿色发展的理念渗透到每一个人的心里，开展有关生态文明建设的专题讲座。专题讲座系统地讲授何谓生态、何谓生态文明。我国从物质文明、精神文明的共建，到政治、经济、文化建设三位一体的建设，再到政治、经济、文化、社会建设四位一体的建设，最后是政治、经济、文化、社会和生态文明建设的五位一体总体布局这一发展的逻辑脉络。不但要知其然，更要知其所以然，从而在自己的生活中践行生态文明，倡导绿色生活，做生态卫士。

（2）实践要求

专题讲座主题的选择非常重要，必须是学生感兴趣且在教学过程中是教学的难点所在；而这一教学难点要想给大学生讲述清楚，必须有一个全局、系统的阐释，必须让大学生不但知其然更要知其所以然。所以，在第十章“‘五位一体’总体布局”的讲授过程中，生态文明建设是一个教学难点：从由来到发展，都必须向学生阐释清楚，专题讲座过程中必须将我国生态文明建设的原因、发展、路径、效果都清晰地传递给大学生。

专题讲座是系统地向学生阐述某一问题、现象或政策、制度，它需要大学生事先对该领域的内容有一个大概的了解，有一定的知识储备，这样才能在专题讲座中对教师所讲授的内容有透彻的理解。在关于生态文明建设的专题讲座中，要求学生必须事先认真研读教材及其他材料中与生态文明相关的内容，对我国的生态文明建设有一个初步的了解，然后能够带着自己的疑问去听讲座，从而真正地从讲座中有所收获。

（3）活动评价

评价主要从学生在讲座过程中的纪律与秩序、对于讲座内容的掌握程度两个方面进行考核与评价。评价不是目的，进行评价的目的在于了解学生通过讲座学习是否真的学有所获。

2. 注意事项

专题讲座是对某一方面或者某一个问题的系统阐述，因其详细具体，所以选取的主题不宜太大，否则极易导致专题讲座变成蜻蜓点水般的知识浏览，结果没能将学生想要深入了解的问题讲解透彻。"'五位一体'总体布局"是一个极其宏大的主题，要想在一个专题讲座当中把它讲解透彻，显然不可能。因此，要求思政课教师在组织专题讲座时，要进行一个较为准确的评估，在既定的讲座时间内选取"五位一体"总体布局中的某一个方面进行详细、深入的讲述，其他部分则进行基本的介绍即可。

专题讲座主讲教师的选择也是必须要格外注意的，即必须选择在所要讲述的主题方面有着多年研究积累和深刻见解的教师来主讲，以切实提高专题讲座的含金量。同时在讲述过程中，主讲教师也应该充分运用多媒体技术向大学生展示自己所讲授内容的精华部分，间或针对讲授内容进行提问和互动，以增强讲座的互动效果，让大学生在听完讲座之后能对讲座主题有比之前更全面、深刻的认识，真正地做到学有所获。

3. 总结思考

专题讲座这一课堂实践教学形式的意义和价值在于认识的深刻性，开展专题讲座不但要让大学生有广泛的知识涉猎，而且要他们在某一个问题上有较为深刻的认识，未来对这一问题能够形成自己独到的见解。思政课教师要引导学生在聆听专家讲座的基础上学会自我思考、独立思考，培养大学生独立思考和分析问题的能力，而不是单纯地接收知识信息而不懂得如何去分辨和思考。

一次专题讲座只能就某一个方面的内容进行深入细致的讲解，但是大学生的求知欲是十分旺盛的，以"五位一体"总体布局为例，当以生态文明建设为主题进行一次专题讲座之后，后续还需要对"五位一体"总体布局中剩下的经济、政治、文化和社会四个方面做好进行专题讲座的准备，因为“五位一体”总体布局是一个有机组成部分，不能割裂地去看待任何一个方面。思政课教师应该在这方面做好充分的准备，提前做好内容和师资安排等。

二、案例分析简析

（一）案例分析的介绍

理论的生命力源自实践，再伟大的、深刻的理论，如果不能和实践相结合，那也不能被更多人所认识，特别是大学生。大学生求知欲特别强，对理论知识也有很浓厚的兴趣，但是大学生人生阅历普遍较少，缺乏经验，而单纯的理论讲授往往又不够生动、具体。通过分析一个真实的案例带动大学生收集资料，了解该案例的背景、人物、地点、时间，以及事件发生的原因、经过、结果、影响等，可以让大学生不但对具体案例有一个了解，而且在分析案例的同时对案例发生的历史背景、蕴含的具体理论有一个全面的认识。

具体来说，案例分析就是在思政课上就某些学生难以理解的理论或者知识点，思政课教师通过引用并分析一段真实的历史故事或者事件来帮助学生对知识进行掌握和理解。案例分析在思政课教学中的作用有很多，可以用来引出某个知识点，也可以用来具体分析某个人物、事件，还可以用来理解某一个具体的理论，甚至可以借助某一个案例来对某段历史进行分析。但是不论案例如何被使用，它都是要服务于我们思政课的教学目标的，都是借助案例分析这一课堂上能够有效调动学生学习积极性的实践教学形式来让学生深刻理解知识，同时学会用理论来分析案例或者学会从具体的案例中去总结历史规律和经验，进一步深化认知。

（二）案例分析的教学设计

案例分析是课堂上经常使用的一种实践教学方式，案例的选择和引入是一个非常需要谨慎、认真的事情，需要教师花费很多心血去选择、甄别，同时案例分析对于学生来说又是非常有吸引力的一种实践。因其真实性以及内容的丰富与曲折性，学生非常有兴趣去了解案主到底发生了什么，通过案例的描述去思考他为什么会这么做，他这么做有何不妥，他应该怎么做，等等，在这一系列的分析和思考过程中，学生对于某个人物、某个事件就会有更进一步的认识，甚至会对照自己生活中的行为进行思考，从而对事物产生新的认知，教学效果也会非常好。

1. 设计思路

在“思想道德与法治”课程中“坚定理想信念”这一章节的教学过程当中，可以设计“案例分析”这一实践教学环节，以真实的案例来引导学生分析生活中他人的真实事件，感悟理想、信念对于一个人成长、成才的重要性。在意识到理想之重要性的基础上，使学生树立崇高的理想，并且在实现理想的过程中能够有坚定的信念，以一种坚忍不拔的意志来实现自己的人生理想，而且在实现自己人生理想的过程中能够与社会理想结合起来，达到在实现自我的同时造福社会的目的。

(1) 选题目的

“坚定理想信念”这一章是要告诉学生漫漫人生路，只有激流勇进、奋力拼搏，才能实现自己的理想。然而，实现理想的道路上不可能一马平川，可能会充满了曲折、荆棘甚至很多诱惑，只有拥有坚定的意志和信念才能实现理想，为国家和社会贡献自己的一份力量。通过课堂上的案例分析这一具体的实践，可以让大学生认识到理想与现实之间的距离需要我们每一个人用自己的艰辛努力和坚定信念来弥补，同时在实现理想的过程中总会有干扰、诱惑出现，犹如一艘船要想到达彼岸，必须穿越重重迷雾，不断辨识自己的航向，朝着灯塔的方向航行，理想和信念缺一不可。

(2) 实践要求

案例分析不同于分享会，学生自行选择认为对自己有启迪的人和事来分享，也不同于焦点讨论，就某件近期的热点问题进行全方位的分析。案例分析是对某一个具体的案例进行分析，而且分析要结合自己当前学习的“思想道德修养与法律基础”中的第二章“坚定理想信念”这部分内容进行。为此，首先要求思政课教师的案例选择有科学性，要合理，适合用本节课所学知识进行分析；同时要求学生要用本节思政课堂上所学知识对案例进行分析，而不是像一般讨论那样天马行空般地自由分析，因为这样就容易偏离案例分析的主题而失去了案例分析这一实践教学方式的实践价值。任何一个案例，都可以从各个角度进行分析，比如一个大学生从品学兼优的好学生变成阶下囚的案例，既可以从社会学的视角分析，也可以从管理学的角度分析，还可以从心理学的视角分析，而思政课上的案例分析希望学生从理想、信念的角度来分析，进而对学生自己的未来发展有所启发、启迪。

（3）活动评价

评价主体由思政课教师和本班学生共同担任，学生评委可以由学生自荐，也可以由小组推选产生，为了保证课堂整体时间把控，最多只能有3名学生担任评委。主要评价的指标有：是否结合本节思政课所学内容对案例进行分析、案例分析的时间把握、案例分析过程中学生自身观点正确与否、是否对分析案例时出现的偏激观点进行了纠正等等。

2. 注意事项

案例分析要求教师在选取案例上做到精挑细选，以期选取最佳的案例在课堂上与学生一起进行分析。一个案例能称得上是思政课堂上的好案例，首先，它应该紧跟时代步伐，不至于使当代大学生一看到就产生过时、落伍的感觉，进而失去阅读的兴趣；其次，案例应该与本节课的教学内容紧密相关，因为案例是为教学服务的，偏离了教学目标和内容，再好的案例对于课堂来说也不是一个好案例；最后，案例应该具有典型性，让学生通过分析此案例，能够举一反三想到其他类似的人和事，同时也能激发学生对自己的反思。

案例分析要求教师在教学过程中就某一个案例进行阐述，具体来看，案例分析包括案例背景、案例描述、案例分析三个组成部分，呈现一个案例时，教师必须详细地阐述案例中事件发生的时间、地点、人物，事情的起因、经过和结果等。同时为了引导学生从案例分析中真正有所思考和收获，还要设计不同数量的、彼此之间有着层层递进关系的问题进行提问，充分发挥案例分析这一实践教学形式的重要作用，而不是简单地阅读一下案例，草草分析一下了事。

案例分析要求学生必须对案例有一个全面的认识，要了解事件发生的基本背景和经过以及案例中案主的性格特点等，在此基础上再对案例进行深刻的剖析。一方面培养学生获取完整、详细信息的能力，而不是断章取义，去认识一件事、一个人，另一方面培养学生剥洋葱般层层分析事件或者人物的能力，培养思维的缜密性，这样在将来面对某一问题的时候才能有缜密的思维去思考和分析。

案例分析要求学生运用思政课上所学的知识对教师课堂上所提供的案例进行分析，学会运用思政课的话语体系对案例进行分析，在分析的过程中要有自己鲜明的观点，不能含糊不清、似是而非；同时在进行案例分析的过程中要注意时间的把控，组织好自己的语言，在规定的时间内，清晰地表达自己对案例的认识。

3. 总结思考

大学生大部分时间是在校园中度过，他们还没有真正踏入社会，缺乏对社会中的人和事的了解，更缺乏社会中的实践经验。案例分析是一个很好的课堂实践教学形式，它把发生在高校校园外的人和事在课堂上呈现出来，让学生通过案主的经历来了解个体、了解社会、了解人与社会之间的互动。

思政课上的案例分析如同一面镜子，因为案例都是真人真事，大学生在分析案例中案主的言行、思维方式时也或多或少能够发现自己身上也存在着跟案主类似的缺点和不足，案例中案主如何改变，结局如何，都在给阅读、分析该案例的大学生以启迪，这一点是思政课教师仅仅通过自己的讲述无法达到的效果。

第三章　高校思政课的校园实践教学方式研究

校园实践教学是课堂实践教学的延伸，是在课堂之外、校园之内开展的实践教学活动，旨在通过校园内丰富多彩的校园活动来加深学生对于人生、社会乃至世界的认识，这种实践教学模式比课堂实践教学模式有着更大的自由度，同时也有助于丰富学生的校园文化生活。具体来看，校园实践教学模式主要包括校内调研、图书寻访、主题演讲、主题展示、微电影制作、文明评选、校园文化节，等等。

校园实践教学能够充分利用校园内部的各类资源，发挥校内资源的优势，例如校内图书馆、体育馆、学生活动中心、学生宿舍等场所设施，同时还可以充分利用校内丰富的师资力量、学生资源、科研成果等。这些丰富的校内资源可以让高等院校的大学生不断拓展自己的理论知识，深化对课堂所学知识的理解。思政课是一系列既富含科学理论，同时又紧密结合社会实际的课程，既有关于几百年前资产阶级及其政党革命的理论知识，也有关于当代大学生理想信念的阐述，还有关于近期发生的国内外大事的分析。学生可以利用校园实践教学模式的多种具体方式来加深对它们的认识，例如通过阅读图书来了解百年前资产阶级及其政党革命的知识，通过校园走访、调研来真正了解当代大学生的理想信念状况，通过主题演讲或者展示等途径来深入分析和理解当前国内外大事及其对于我们国家、民众的影响。校园实践教学模式可以说是一种连接学生课堂学习与自我实践的重要方式，能够有效提升思政课的教学效果。

高校校园一直以来都是思想政治理论教育的主阵地，也是当前我国意识形态传播的主阵地，其重要性不言而喻。思政课的校园实践教学就是以高校校园作为思政课实践教学的主要场域之一，以高校校园内的各类校园活动作为思政课校园实践教学的主要载体，通过丰富多彩、主题类型多样的校园活动培养大学生的道德修养和综合能力，以提高大学生未来适应社会、把握人生的能力。

第一节　校园实践教学方式之微电影制作

一、微电影制作介绍

1. 微电影的概念

微电影又称为微型电影，简称微影。随着国内首部微电影《一触即发》的播出，“微电影”这一概念也相继诞生。微电影作为新媒体时代的一种新兴产物，实际上是对电影短片的继承与发展。关于微电影的概念，目前更多基于在已经认知微电影的基础上从“微”角度的解读。微电影不仅有“三微”特征，而且还具有制作精美、故事情节完整、不限制播放平台等优点。它体裁灵活多样，不仅仅局限于叙事体，还有动画、电视新闻、街头采访、现场记录等多种体裁。微电影的微，不是微不足道，相反却是微而足道，也就是规模微小但又容量丰盛，在微小规模上集中惊人的意蕴。它能够蕴含丰富的内容，例如感人亲情、社会伦理、批判现实、回顾历史、社会公益等多种内容。它自身短小精悍的特点符合现代人“快餐式”的文化消费观念，所以深受大众追捧。

当代大学生身处微时代，每天不仅能接触到大量的微媒体，而且学生自己也非常善于使用各种类型的微媒体和相关软件，特别是现在高像素的智能手机。每一个学生都可以通过智能手机和相关软件来制作各种类型的微视频、微电影来反映校园文化、社会现象或者表达自己的心声。学生对于具有视觉冲击力、立体生动的影像资料往往都比较感兴趣，因为视频、电影等影像资料可以借助声音、图像、动作、台词、道具、场景甚至特技等多种途径去再现某一场景，表达某种观点和情感，能够带给人更为真实的情感体验，这也是其他媒介无法比拟的优势，而这种优势也正好能够满足学生的需求。

2. 高校思政课微电影实践教学的概念

虽然微电影应用于思政课实践教学的时间不长，但它的发展速度之快令人惊叹。因为它蕴含着独特的教育功能，所以引起了各高校的广泛关注，许多专家、学者也愈来愈重视对其的研究。微电影作为思政课实践教学的一种有效方式，它承担着思政课的育人功能。

第一，从实践方式来看，微电影教学法强调的是学生在教师指导下，以“思政课”的教学内容和现实生活为蓝本，学生自由结组，自编、自导、自演反映课程内容和时代特色的微电影。通过拍摄思政课微电影将理论教学与实践教学深度融合，真正实现了在实践中转化和运用思政课理论知识，既发挥了学生实践的主体作用也保证了思政课程的思想性。第二，从实践价值来看，微电影教学法是学生通过小组合作的方式，在老师的指导下制作微电影，促进教学环节吸引力和感染力的增强，最终提升思政课育人实效的教学方法。

3. 微电影制作

具体来说，微电影制作就是为了提升思政课的教学效果，思政课教师鼓励大学生综合利用当前微时代的多种媒介和软件，联系思政课所学的知识以及当前高校校园或者社会中经常出现的现象，结合自己对某些问题、现象、观点的看法，以个体或小组的方式演绎和拍摄相关视频内容，并对所拍摄的视频加以剪辑、整合进而形成一个完整的视频资料。微电影制作是一种综合的实践教学形式，因为思政课有微电影制作这一实践教学要求，所以能够倒逼高校学生做一个校园生活的有心人，时刻留心、留意校园内外发生的种种事情或现象，并能够从思想政治教育的角度去看待和思考这一现象或者问题。此外，微电影制作表面看似轻松，只需随手拍摄一段视频即可，实则任务繁重、要求很高，既需要有较高的主旨、立意，又需要小组成员精诚合作、撰写脚本、布置场景、指导演员表演，还需要小组成员有较高的视频软件使用和影片制作的水平。除了对大学生有较高的要求外，对于高校思政课教师的要求也很高，需要思政课教师在学生微电影制作的过程中全程参与指导，这样既能有效保证微电影的主旨鲜明正确，又能严把质量关，帮助学生提升微电影的制作水准。由此可见，微电影制作这一校园实践教学形式能够有效调动教师和学生双方的热情与创意，同时也能充分发挥和展现当代大学生思想觉悟与专业技术方面的能力和水准。

二、微电影制作的教学设计

随着智能手机、数码相机的普及，以及各类视频制作软件的使用日趋简单化，越来越多的人可以通过视频、影像的方式去反映社会现实，表达和展示自己的所思、所想和所感。大学生思维活跃，学习能力、创新能力强，对社会、生活有着敏锐的感知力和洞察力，对于视频剪辑类软件的使用也非常熟练，他们习惯自拍，也乐于而且擅长拍摄各种类型的视频、影像资料。《毛泽东思想和中国特色社会主义理论体系概论》中既有中国共产党带领全国人民在苦难中求索、抗争的内容，也有中国共产党带领全国人民建设和发展祖国的内容。当前中国繁荣稳定和谐的局面就是中国特色社会主义制度优越性的集中体现，仅通过教师的讲授，当代大学生对中国特色社会主义建设的辉煌成就感知是有限的，而微电影制作则是一个大学生喜欢且能调动其积极性，引导其主动地自觉地去了解和展示中国共产党带领全国人民实现中国梦、实现民族复兴之梦的重要实践教学环节。

1. 设计思路

在《毛泽东思想和中国特色社会主义理论体系概论》课中的“坚持和发展中国特色社会主义的总任务”这一章节的教学过程中，要让学生深刻意识到伟大民族憧憬伟大梦想，而伟大梦想成就伟大民族，中华儿女百年逐梦才有了今日之中国。中国梦凝聚着亿万人民对美好生活的期盼和对民族复兴的希望，只有脚踏实地地工作、劳动才能实现伟大的中国梦。大学生的微电影拍摄就是要围绕“中国梦——我的梦”展开，拍摄内容既要反映中国特色社会主义建设的辉煌成就，也要结合自身的生活、学习，反映当代青年学子积极向上、奋发进取、追求美好明天的梦想。以小组为单位开展，不拘一格展现自己对于主题的理解。

（1）布置任务

教师根据第九章所学内容，引导学生理解中国梦的重要内涵，理解我国建成社会主义强国的战略安排，理解中国梦实现过程中的种种困难与艰辛，激发学生用制作微电影的方式去表达自己对中国梦的理解、对于建设中国特色社会主义强国的理解。

（2）组建团队

微电影的拍摄是一个团队协作过程，根据《毛泽东思想和中国特色社会主义理论体系概论》课的合班情况，在每个大合班中组建若干个拍摄团队，每个团队一般由 10 人组成。

（3）组员分工

微电影的拍摄和制作需要团队成员分工配合与紧密协作。具体来看，成员的分工如下：编剧、导演、摄影、旁白、后期制作、道具，团队根据每项工种的具体工作量来安排人员数量，并根据具体拍摄情况随时做出调整。

（4）注意事项

主题必须鲜明，紧紧围绕“中国梦—我的梦”展开，具体题目自拟。作品完成时限为一个月，从任务布置到视频拍摄完成、上交都必须在一个月内完成。在视频作品当中应该明确显示团队每个成员的具体分工情况。

（5）成绩评定

微电影在拍摄完成之后，选取合适的时间集中进行全部微电影的展示。评委由教师和学生共同担任，人员数量为奇数，评委根据视频拍摄的质量，如是否围绕主题展开、演员表演质量、场景选择与布置、后期制作质量等，评定每个团队微电影的成绩。评委不但要给出每个团队微电影的最后成绩，还要对每个团队所拍摄视频的优点与不足给予点评，以期让参与微电影拍摄的每个同学都能有所收获。

2. 注意事项

微电影是一个团队合作的成果，是小组10个成员共同努力的结果，不是少数人在辛苦筹备、拍摄、制作，而其他人等着坐享其成，这一点是思政课教师在布置任务时要极其注意并努力避免的现象。思政课的目的在于提升大学生的思想道德素养与政治素养，绝对不能出现投机取巧、无视纪律的思想和行为。

微电影制作不是简单地用智能手机随便拍摄几分钟即可，是要由脚本编写、策划、导演、摄影、旁白以及后期制作等一系列工作构成的，因此，在微电影的制作环节，思政课教师要严格要求，并严格按照要求来进行成绩评定。

作为思政课的实践教学环节，尽管是微电影，但仍然要有电影的元素，即拍摄时既要源于生活，又要有高于生活的寓意和主旨，既要反映现实又要高于现实，不能把微电影变成纯粹的视频记录，要加入大学生自己对于主题的认识和理解。

3. 总结思考

微电影的拍摄与制作确实需要有相当的专业技术支撑，需要有高像素的拍摄设备，需要有好的后期剪辑软件和较高视频剪辑技术，还需要有好的演员，但是这些都是要服务于电影拍摄的主旨，即展现中华儿女逐梦的身影。但是在以往的微电影制作这一环节，经常会出现的是不少学生陷入了视频剪辑技术的比拼漩涡中，都试图在微电影中展示自己炫酷的制作技术，而忘记了拍摄微电影的初衷。这一点必须引起我们的重视，作为思政课教师也必须在微电影制作这一实践教学环节的各个阶段给学生以提示。

第二节　校园实践教学方式之校内调研

一、校内调研介绍

“一切从实际出发，实事求是”是思政课想要传递给学生的一种做人、做事的基本价值遵循。身处高等院校，大学生接触最多的就是各种理论知识，而理论的生命力在于其源于实践而且能够指导实践，因此，理论联系实际、一切从实际出发、实事求是也是大学生未来成长成才的基本前提。调查研究就是一种最为基本的接触生活、接触社会、接触实际的基本途径，它能够帮助大学生将自己在课堂上所学的理论知识与现实社会生活中的实际相结合，从而更为全面、立体地了解生活、了解社会，进而理解自己在课堂上所学的相关理论。

具体来说，校内调研就是思政课教师根据教学目标与学生培养目标，以大学校园为载体和平台，结合思政课的教学内容，号召和组织大学生在大学校园内开展各种贴合大学和大学生实际的实地调查研究活动。当代青年学子极富个性而且有思想，但是很多时候有些大学生的思想并不符合社会实际，思政课教师想要帮助其改变和更新观念仅仅依靠单纯课堂讲授，很难达到说服此类学生，帮助其确立客观理性思想和观点的目的。而校内调研则能很好地达成这一目的，校内调研让他们能够实地与同学进行零距离的接触、观察和访谈，真正了解周边大学生的所思所想和所为，从而发现大部分大学生都是有着一份爱国的热情和情怀，而且也是乐于助人、关爱同学和社会，并非都是精致的利己主义者。通过实地调查研究，学生走出了自己狭隘的世界，转变了自己原有的想法和观念，真正达到知行合一。由此可见，校内调研对于了解当前大学生的思想动态、行为习惯与价值观念效果明显，也有助于培养大学生知行合一、实事求是的严谨作风。

二、校内调研教学设计

校内调研是了解当前大学生心理、思想与行为的重要渠道，也是高校思政课校园实践教学的一种重要形式。校内调研主要的调研群体为大学生，调研者多为高校师生，调研的对象也多为高校学生，而调研的主要手段是问卷调查和访谈调查法，一般都是问卷调查结合深度访谈，大学生进行校内调研的过程也是了解同学、了解学校、了解当代大学生状态的一个重要渠道。进行校内调研首先需要在校园内进行相关数据资料的收集，这对于大学生的表达能力、沟通交流能力是一个非常重要的锻炼，在收集资料的基础上还需要对资料进行高效的整理和分析，这也是对学生缜密思维能力的锻炼。调研不但要调查现实情况，更为重要的是能够从调查所得的数据中发现问题，分析和寻找问题产生的原因，进而探索解决该问题的具体方法和路径。因此，校内调研是对大学生综合能力的一个锻炼，同时也是思政课教师深入了解当代大学生尤其是自己所教学生特点的一个非常重要的渠道。

1. 设计思路

调查研究是一个极具专业性的工作，它要求问卷的设计，数据的整理、分析都必须严谨缜密，容不得半点马虎。在进行校园实践教学中校内调研这个环节时，要求教师做好指导工作，而且调查研究应该以小组为单位进行，小组内成员分工合作共同完成。身处网络信息化时代，大学生在进行调查研究时可以充分利用网络信息化手段，无论是在最初的数据收集、调查阶段，还是在中期的数据整理分析阶段，抑或后期的成果展示阶段都可以引入信息化手段。一方面提高小组调查研究的效率，另一方面紧跟时代步伐，综合运用多种方式手段进行调查研究，同时充分发挥当前信息化手段在调研过程中的辅助作用。

校内调研是一种了解当代青年状况的重要实践活动，通过校内调研，可以了解当代大学生在学习、社会交往、婚恋、就业、社会公德、遵守法律、日常消费以及人格发展等方面的具体情况和存在的问题，在调研其他同学的同时也可以对照自己，发现自己在这些方面存在的问题和不足，进而加强学习，加强自律，不断提升自己、完善自己，服务社会。

在“思想道德与法治”课的教学过程中，校内调研主要是以课上所学理论知识为基础，大学生在思政课教师的专业指导之下，以调研的具体方法为手段，带领学生学习进行社会调查的基本步骤，了解在调查研究过程中应该掌握的基本方法，以及调查研究过程中的注意事项，经由实际的调查研究让学生将课堂所学与生活实际结合认识，透过现象，认识事物的本质和规律。

大学生有很强的职业性，大学生的职业意识和就业心理普遍都比较强烈。这里以大学生的就业心理调查为例，简要介绍校内调研的组织与实施的具体流程，以帮助大学生学会运用这一方法去认识学校、认识社会。

（1）校内调研的基本流程

校内调研最基本的方法就是问卷调查法，而问卷调查绝不仅仅是学生自己坐在教室设计一份问卷，简单找一些同学填写一下、统计一下即可，而是必须遵循严密的调查步骤方能获得翔实的调查资料。此外，问卷调查只是校内调研的一个重要方法，但这一方法也不是万能的，也有其不足之处，所以要想全面了解某一个方面的情况，除了问卷调查法外还必须辅之以访谈法，通过深度访谈的方式去弥补因为问卷调查而难以获得的信息和资料，从而保证调研能够获取全方位的资料。

具体来看，进行问卷调查第一步要做的是进行探索性工作。所谓探索性工作就是通过相关文献回顾、校内实地考察、访问该领域的专家学者等步骤初步认识待研究的问题。例如，想要研究大学生的就业心理状况，需要先进行文献查阅和回顾，了解一下在此方面学者们研究成果的多与少，学者们对此问题研究到什么程度了，对此问题的认识如何。在进行大学生就业心理方面的文献回顾时，我们发现当前学者对大学生就业方面的研究较多，但是专门针对大学生的就业心理方面的研究并不是很多。而且，大学生的就业心理既包括大学生对自身各方面能力的评估，也包括他们对外在就业岗位、就业环境等方面的认知，还包括他们对于未来工作的态度等，校内调研应该在此基础上设计相应的调查问题。

校内调研的第二步即设计问卷初稿。设计问卷初稿是在前面进行探索性调查的基础上，通过设计相应的问题来了解被调查者在就业心理方面的真实情况。一般在设计问卷初稿时，可以采用卡片法或者框图法。卡片法就是在设计问卷时将零星的每一个问题都记录在一张卡片上，然后再对卡片进行分类，删除重复或者相近的问题，删除可有可无的问题，并对剩余问题设计给出答案，然后再将不同类型的卡片按照一定的逻辑顺序进行排序，并将问题进行编号。至此，问卷初稿完成。例如，以大学生就业心理状况调查为例，在设计问卷初稿时，学生可以先将自己想到的问题书写到卡片上，然后再对卡片进行分类，如哪些是大学生对于自身各方面能力的认识，哪些是对外在就业岗位、就业环境的认知，哪些是学生整体的就业态度、价值观，接下来为问题设计答案，同时答案要满足穷尽性和互斥性，最后再将这些问题进行排序。这样，关于大学生就业心理的初步问卷就形成了。

第三步即进行问卷试用和修改。问卷在设计完成后不宜立刻就进行大规模的调查，而是一方面要将问卷发放给少数专家、学者进行主观的评价，同时还需要在小范围进行问卷试用，如在小范围发放不超过 30 份问卷，让学生进行填答，以期得到其较为客观的评价，同时及时发现问卷在哪些地方还存在不足和需要修改的地方。如发放问卷填答的过程中，不少学生发现部分问题的答案中没有自己可选的选项，即问题答案没有满足穷尽性，还有一些问题被调查的学生都没有进行填答，可能是因为问题的描述存在问题，导致被调查者无所适从，不知该如何作答，这类问题也需要进行修改。总体来看，在试用的基础上对问卷进行修改，主要就是对问卷的语言、提问方式、次序、问题数量、回答时间等方面进行具体的修改。

最后一步就是问卷的定稿和印制。即对已经修改好的问卷进行排版，注意版面的设计、字体、行间距、整体外观等，使得问卷整体来看整齐、醒目，有利于被调查者进行答题，最后才可以印刷问卷以备后续大规模发放使用。

（2）教师在校内调研中的职责

①校内调研活动的整体设计。调研活动是一个非常严谨缜密的工作，而大学生又缺乏调研的专业训练，所以思政课教师必须根据课程教学大纲并结合大学生的实际情况设计调研的主题，并向学生讲授调研的具体步骤和程序，为学生提供一个较为明晰的调研设计框架和技术支持。

②调研活动的具体组织。调研活动是一个团队协作的工作，一个人无法完成，因此需要教师指导学生组建团队，以团队或者小组为单位开展调研活动。教师需要指导团队选出自己的领导者，做好团队成员的具体分工，帮助每个团队确定自己的调研主题和调研具体方案、调研工具方法的选择等，确保调研过程的顺利进行。

③指导调研报告的撰写和评阅调研报告。一份调研报告有它既定的格式要求和篇章结构，很多学生往往在调研过程中很认真，但在调研报告的撰写上却比较随意，因为他们不知道调研报告的撰写格式与要求，这就要求指导教师必须对学生进行调研报告撰写的培训与指导。同时，要对学生上交的调研报告进行认真审阅与仔细修改，并进行成绩的评定，最终帮助学生学会如何开展具体的调研活动，能够撰写规范完整的调研报告。

（3）学生在校内调研中的任务

①认真学习领会调研活动的总体要求。调查研究有自身的具体流程和规则，在开始具体的调查研究之前，学生需要认真学习这些规则与流程，并且领会调查研究的总体要求。唯有如此，方能保证整个调查研究向着正确的方向推进。

②确定调查研究的主题。调查研究主题的确定非常关键，主题选取不当，可能整个过程都是徒劳，没有任何调查研究的意义和价值。一个真正反映当前大学生学习、生活、思想、行为等各方面或者某方面情况的调研主题，或者反映当前高校相关情况的调研主题，才算是一个合格的调研主题。而且这个调研主题的确定，不应该是某个人的想法，而应该是整个小组集体智慧的结晶，同时也应该有教师的指导，这样才能真正挖掘一个有调研意义和价值的主题。

③开展调研，完成调研报告。从开展调查研究到最后调研报告的完成，一般限定时间为一个月。这一个月当中，7 天用来进行探索性调查和调查问卷的设计与完成，7 天用来进行校内实地调查，7 天用来进行调查数据的整理与分析，10 天用来进行调研报告的撰写。

2. 注意事项

校内调研是一个非常严谨的工作，也是一个小组成员分工配合、共同完成的工作，因此，在进行具体的校内调查过程中，对调研小组的成员有着较为严格的要求。

首先，要求小组成员严格按照进行社会调查的具体流程来进行问卷的设计、发放及数据的整理与分析等，不能有文字抄袭、数据造假的现象发生，每一步都要真实进行，不能投机取巧走捷径。因为校内调查的结果反映的是本校在此方面的真实情况，调查结果不只是思政课校内社会实践的成果，同时也是本校具体情况的真实体现。

其次，校内调研必须是小组通力合作、共同完成的任务，而非一两个同学承担起全部工作，其他同学只是搭便车，不付出任何劳动，最后在小组成员表中挂个名而已。作为思政课的校内实践活动，不仅仅考查的是调查研究本身的结果，更为重要的是考查在调查研究的过程中学生在思想、道德以及专业素养等方面的表现。

最后，校内调研的主题选取要与所在学校当前的建设或者关注重点相结合。校内调研本身是一个任务量很大、需要多方配合的工作，因此，调研不能仅仅是为了完成思政课的校内实践这一环节，而应该从更高的层面、更大的视角去思考和选择调研的具体主题，让调研的主题真正紧密地与高校、高校学生的实际相结合，反映高校的某方面的具体情况，同时也为高校的建设和发展提供可资借鉴的数据资料与理论观点。

3. 总结思考

校内调研是一个很好的窗口，能让大学生经由自己的调查、研究去分析和把握当前在自己所在学校或相关群体中的某个方面的真实情况，这是大学生接触社会的一个有益通道和途径。很多学生在某方面存在一些不太理性的认知，而且还坚信自己的认知是对的，这往往对自身和团体都是无益的。而通过校内调研，学生可以跳出自己这一棵树或者自己身边这一小片树林，见到学校这个范围内的整片森林，这样有助于学生对高校院校全局、对高校学生整体有一个清晰的认识，而不是停留在自己原来比较狭隘的认识上，这也正是思政课提升大学生思想修养的初衷。大学生只有亲身经历了、了解了，并且通过精确的数据分析，才能对身边的大学生群体有一个全面、客观的评价，自己的思想才会更加理性，走出狭隘和偏激。

同时，校内调研也是一个在短时间内需要跟大量调查对象接触、交流的活动，校内调研非常锻炼参与学生的人际交往能力，譬如如何跟陌生的同学接触，如何说服不愿意配合调查的同学，如何引导同学在填答问卷时能说出自己最真实的想法，如何在小组内部进行合理的分工、配合，等等，这些都是对参与校内调研活动的大学生的考验。只有在这些具体的环节中认真对待、细心学习，才能不断提升自己的思想认识，约束和调整自己的行为，进而提升自己的综合素养。

第三节　校园实践教学方式之主题演讲

一、主题演讲介绍

当代大学生普遍具有思想丰富、视野广阔、喜欢表达自我的特点，演讲无疑能够给他们提供一个表达自我、展现自我的平台，演讲这种形式一直以来也深受大学生的欢迎。其实，演讲不是空洞的说教，也不是社会现象的罗列，更不是人云亦云的老生常谈，而是要全面、彻底、充分地表达某一个观点，并且要让听者能够理解、明白你所表达的问题或者内容，所以演讲对演讲者的综合素养要求很高。它要求演讲者既要有清晰、敏捷的思路，伶俐的口齿，又要对讲述材料的本质内涵加以分析、概括、提炼、延伸，同时还要能够通过富有理性色彩的语言表达、渲染并激起听众的心理共鸣，将听者的思绪引向一个更为崇高的境界，使演讲的主题得以升华。在青春激昂的高校校园内，主题演讲无疑是一个能够有效激发学生参与热情的实践环节。

具体来说，主题演讲就是思政课教师根据思政课的教学需要，选取一定数量的大学生感兴趣的、能够引发学生思考的问题或者观点作为演讲主题，在高校校园范围内广泛号召大学生参与的演讲活动。例如在国庆节到来之际，在高校校园范围内开展“我与祖国共成长”的主题演讲活动，每一个大学生都有自己成长的独特经历，同时每一个大学生都是在中国改革开放后日益繁荣富强的大环境中成长起来的，说起自己的祖国都能够有话可说，而且在思政课堂上特别是“毛泽东思想和中国特色社会主义理论体系概论”这门课上教师讲授了很多近代以来中华民族抗争与探索的历史，学生们在演讲的过程中会有很多的史料引用，这也进一步巩固了学生在思政课堂上所学的知识。由此可见，主题演讲是思政课教学在高校校园内的一种拓展和延伸，它不但有效拓展了思政课的教学领域，而且锻炼了学生表达自我、展现自我的能力，丰富大学生的校园生活，真正在高校校园内将大学生的课堂学习与校园生活有效地结合起来，是一种生动的校内实践教学形式。

二、主题演讲教学设计

主题演讲作为一种常见的校园实践教学方式，主要是以大学生的演讲为载体，演讲要紧紧围绕某一个主题展开，通过对该主题的阐述帮助大学生对该主题相关的知识点有进一步的认识。演讲的过程需要大学生认真搜集、精心整理资料，努力分析和思辨问题，这本身就是大学生的一个自我教育的过程，同时也是对其理解能力、分析能力和表达能力的一次锻炼。主题演讲，演讲本身不是目的，而准备演讲过程中的一系列收集资料的过程、分析资料的过程和对资料进行总结升华的过程才是真正锻炼大学生的过程，这也正是主题演讲的目的所在。

1. 设计思路

在“毛泽东思想和中国特色社会主义理论体系概论”的“中国特色大国外交”这一章节的教学过程中，思政课教师不但要讲授新中国外交的发展历程，而且要讲授新中国外交的重要特征及其对中国和世界产生的积极影响。有限的课堂讲授时间很难将这三个方面完整、透彻地讲清楚，众所周知，外交是一个国家实力的重要表征，必须让大学生了解中国的外交尤其是在新时代处理复杂的大国关系上中国外交所贡献的中国智慧。在讲授第十三章“中国特色大国外交”之时，可以参考电影《厉害了，我的国》，组织学生开展以“厉害了我的国”为主题的主题演讲比赛。具体的设计思路如下所示。

（1）确定主题。“厉害了我的国”可以作为演讲比赛的总主题，给学生以方向的指引，但是具体演讲题目和内容只要围绕这一主题展开即可，给学生以最大的发挥空间。虽然“厉害了我的国”的主题演讲安排在第十三章“中国特色大国外交”的学习时间阶段，但是祖国的繁荣与日渐强大绝不仅仅是体现在外交这一个方面，所以，总的演讲主题之下，学生可以选择能够体现祖国繁荣与兴盛的各个方面进行阐释，而非仅仅局限于外交这一个方面，这样有助于学生从多个方面了解中国近些年来的发展，增强其爱国的情感与道路自信、制度自信。

（2）组建团队。主题演讲看似个人行为，实则背后需要大量资料收集和演讲技巧训练，而且“毛泽东思想和中国特色社会主义理论体系概论”课一般都是合班上课，即起码有两个班甚至更多的班级在一起上课，人数众多。对于合班上课的同学来说，可以组建若干个团队，团队成员一般最多10人，团队内部自行决定总主题之下的内容确定，分工合作，共同完成此次主题的演讲。演讲既是对本章中国大国外交的历程与成就的展示，又是对中国几十年发展成就的总结与回顾。

（3）演讲比赛。以团队为单位，抽签决定演讲顺序，演讲者的仪表仪态、演讲技巧、演讲内容及多媒体技术的运用等都是影响演讲效果的重要因素，每个团队都需要严格按照演讲规则参与比赛。

（4）成绩评定。评委由教师和学生共同担任，人员数量为奇数，评委根据演讲者的整体表现做出成绩评定，如论据是否充分、论证是否彻底、逻辑思路是否清晰及演讲者的仪容仪表等。评委不但要给出每个演讲者最后的成绩，还要现场对演讲者的优点与不足给予点评，以期让参与这一环节的每个同学都能有所收获。

2. 注意事项

主题演讲的目的是通过演讲的方式让大学生感受中国特色社

会主义改革与建设的巨大成就，培养和建立对祖国的荣誉感和自豪感，增强大学生的爱国情感。因此，在准备主题演讲比赛时，思政课教师要引导学生意识到不能为了演讲而演讲，不是仅仅为了比拼演讲的技能，而是应该在收集资料、准备演讲的过程中全面了解中国改革与建设的巨大成就，在演讲的过程中感受和体验爱国的情感，进一步升华认识。

以“中国梦——我的梦”作为主题演讲的主题，首先要求大学生应该对何谓中国梦有一个准确的认识，如果连什么是中国梦都一无所知，那么即使演讲技术再高超，也不过仅仅是一个表演而已。只有对中国梦有了准确的认识，大学生的“我的梦”才能知道如何去实现。

在学习“中国特色大国外交”的过程中开展以“厉害了我的国”为主题的演讲比赛，很多学生会选择从中国的外交着手，教师应该以翔实的现实资料和科学的理论知识帮助学生以客观、理性的态度和视角去认识中国，认识中华人民共和国成立以来的外交政策与活动，真正以一个理性客观的视角去看待中国未来的发展。

3. 总结思考

主题演讲是思政课的校园实践教学形式之一，它理应比课堂实践教学的影响范围更为广泛，也正因为如此，应该对主题演讲参与者的范围进行调整，不应仅限于正在上“毛泽东思想和中国特色社会主义理论体系概论”课的大一学生。不同年级的大学生对于这门课以及演讲主题的理解程度、思考视角各不相同，只有更多的学生参与进来才能让更多的学生感受思政课校园实践教学的浓郁氛围，感受中国这些年改革与建设的成就，进而建立对祖国的感情。

主题演讲表面看是一个人在台上演讲，实则背后是一个团队的努力，但是在具体校园实践教学环节中，主题演讲在某些团队中却运行得并不好，团队成员之间彼此缺乏信任，也缺乏应有的凝聚力，随后主题演讲成为演讲者一个人的事情，其他团队成员只是旁观者。如果演讲成功，团队全体成员都会跟着受益，如果演讲效果不好，也只是演讲者一个人的责任，这是主题演讲这一实践教学环节中应该特别重视的地方。无论是主题演讲，还是课堂辩论，都只是一种形式，其重点在于对形式背后的内容、主题的把握。因此，思政课首先是思想政治教育课，是以提高学生的思想素质和道德素质为目的的，而主题演讲中部分团队中出现的有功全上、有过都推，团队缺乏凝聚力的现象与整个思政课的主旨显然格格不入。思政课教师应该先教会大学生如何做人，然后再去学习如何正确做事。

第四节　校园实践教学方式之图书寻访

一、图书寻访介绍

书籍是人类进步的阶梯，它在赋予我们知识的同时，也在向我们传授生活的道理，当阅读成为一种习惯时，它就能够陪伴我们的一生，让我们受益终身。从史至今，书籍对于人们的意义重大，人们的知识也大多来源于书籍，“读万卷书，行万里路”这句名言就鲜明地体现了书籍与实践对于人类的重要性。当今时代是一个全媒体、信息化的时代，人们习惯了各种电子产品与电子媒介，每天都可以通过微博、微信、抖音、门户网站等各类电子媒介获得海量的信息和资讯，以至于很多人慢慢丢弃了看书的习惯，大学生除了上课必须看的教科书之外，较少有人保留着每天读书或者定期读一本书的习惯，对此我们必须引起重视。作为一名大学生，丢弃了读书的良好习惯，不仅对于学业有影响，而且对于未来的人生发展也是一大损失。图书寻访旨在通过一种贴近现实的方式重新燃起大学生读书的欲望和热情。

具体来说，图书寻访就是思政课教师为了重新唤起大学生看书、读书的热情，结合讲授的教学内容，充分利用高校图书馆丰富的图书资源，采用多种形式让一些对大学生人生发展、价值引领有促进作用的经典著作、名家名作能够在高校学生中流传开来，让更多的学生能够认真阅读这些经典，领会其中的内涵，而非仅仅知道名著的梗概甚至是仅仅知道名著的名字，对内容是完全陌生。同时，思政课教师还要结合当下大学生喜欢的内容题材为学生推荐一些优质的新书，也欢迎学生向教师、向学校图书馆推荐好书、新书，丰富学校图书馆的馆藏。例如，思政课教师在引导学生要树立远大的理想并坚定信念、战胜困难去实现理想时，可以推荐学生去图书馆阅读《习近平的七年知青岁月》这本书，一则习近平同志是我们最为熟悉和敬重的领导人，二则书中对习近平同志插队时的知青生涯有着详尽的描述并且有大量的照片佐证。阅读此书带给学生的不仅仅是关于理想、信念的思考，不同的学生可能还会有新的不同的思考，同时还能把学生从电子媒体的碎片化阅读与娱乐中解放出来，唤起其阅读的兴趣，意义非凡。因此，这种充分利用高校校内图书资源，激发大学生读书热情、培养学生读书习惯的实践教学形式无疑是高校思政课校内实践教学的一种重要形式。

二、图书寻访的教学设计

在当前自媒体、微媒体盛行的时代，人们大都习惯碎片化阅读，在校大学生也是如此，而事实上，碎片化阅读固然有利于人们充分利用碎片化的时间，提高人们阅读的效率，但是也有其非常明显的缺点，那就是对知识的阐释和解读无法达到系统、深化，更多是一种快速的、瞬间记忆，而纸质书籍更适合人们对某一方面的知识进行反复地研读、记录等。众多微媒介的阅读也容易分散阅读者的注意力，表面看似涉猎很广，实则比较浅显，甚至读后即忘，欠缺阅读深度。高校是高等教育的重要组成部分，而高等教育重要的特点就在于对某一知识的系统了解和掌握，进而能够熟练运用、服务社会。因此，在当前微媒体盛行而且微阅读日益成为人们的阅读习惯时，想要激发或者重新唤起大学生对于纸质书籍的兴趣并且重拾读纸媒的习惯，就必须采取一些有益的方式和手段。高校开设的三门思政课程，尤其是“思想道德与法治”这门课，想要达到提升高校学生思想素养、道德素养和法律素养的目的，仅仅靠教师课堂上的讲授显然是不够的，它需要大学生广泛阅读各类书籍，真正了解某个事实、某段历史或者某个人物，而不是通过微博、微信里读到的只言片语。例如，讲到大学生的理想、信念、责任与担当时，思政课教师总会讲到一些名人、伟人的故事，但是这些片段性质的资料很难勾勒一个鲜活的人物原型，因此它需要一个系统的知识和资料供给，以便大学生去感受和理解。除了思政课教师引入的几个故事，还需要引导学生去认真阅读，只有深入阅读这些资料，大学生才能理解理想、信念的重要性，才能理解责任与担当沉甸甸的分量。

图书寻访可以充分利用学校图书馆的资源。在一些重点院校的图书馆可能会人满为患，而很多高校院校的图书馆往往比较冷清，很多去图书馆的同学也没有真正很好地利用图书馆的资源，思政课校内实践教学环节开设“图书寻访”可以利用实践教学激发和唤醒大学生对于图书阅读的兴趣，增加大学生知识，提升大学生的思想道德和法律素养。

1. 设计思路

在“思想道德与法治”课程中“坚定理想信念”和“弘扬中国精神”这两个章节的教学过程中，可以充分利用“图书寻访”这一实践教学环节，以“理想”“信念”“中国精神”为关键词，让学生到图书馆去查找相关的资料，并选取其中一本进行精读，读完之后，将自己的读书心得以书面的形式写下来，或者以 PPT 的形式图文并茂地呈现出来，同时选取几位同学在适当的时候进行读书分享。通过“图书寻访”这一环节引导学生多看书，在精心选择和精心阅读一本书之后，让学生对理想、信念、中国精神有一个系统、全面的认知和理解，懂得树立远大理想对于自身的重要性，理解坚定信念对于实现理想的重要性，明白中国精神不是一个简单的词汇，而是中华民族深厚的民族底蕴与精神的有机结合，进而真正将个人理想与社会理想相结合，在实现社会理想的过程中实现自己的个人理想。

（1）选题目的

当代大学生大都自小在父母无微不至的照料中长大，每个家庭无论富有与否，都在尽全力为孩子提供一个良好的物质生活环境。这样的优渥环境之下，部分青年习惯于享受现有的一切，缺乏一种向上、向前的动力，对未来也缺乏应有的规划。显然，这种现象是很令人担心的。因此，必须通过各种途径与手段来激发学生对于未来、对于理想的再认识。在高校校园内开展“图书寻访”活动，让学生通过阅读思考自己，思考未来的人生规划，未尝不是一种好的方式。

当前，我们身处实现中华民族伟大复兴的宏大背景之下，每一个当代青年都肩负此重任，如果连中国精神都不甚了解，就更不要说弘扬中国精神了。设计“图书寻访”这一校内实践环节，就是要让大学生自己通过阅读书籍去了解、理解到底何谓中国精神，只有真正理解中国精神的内涵才能发自内心地去认同它、弘扬它，真正做一个有责任、有担当的当代新青年。

（2）实践要求

“图书寻访”表面上看是学生去阅读、学习的活动，实际它并不是一个单向度的任务，在“图书寻访”的整个过程中其实是思政课教师与学生双向持续互动的过程。

第一，思政课教师要对“图书寻访”实践环节进行精心的设计与准备。在讲授“思想道德与法治”的第二章“坚定理想信念”与第三章“弘扬中国精神”的过程中，要有针对性地安排“图书寻访”这一实践教学环节。如：开列相关书目，让学生去图书馆借阅；给出检索关键词，让学生去图书馆检索、借阅；布置读书心得的书写规范和PPT的制作要求以及分享展示的具体要求；“图书寻访”不仅仅是让每一个学生自己完成阅读，有所启发，同时还要让同学们彼此分享阅读的心得体会，让好的图书影响更多的大学生，促进大学生的成长成才。

第二，学生认真对待此实践教学环节，并且积极完成相关实践任务。选择的书目要与“思想道德与法治”课的第二章与第三章内容密切相关；认真阅读自己选择的书目，精读并做好读书笔记，而不能像阅读手机、网站上面的文章那般仅仅是走马观花、快速浏览；既要自己在阅读过程中有所感悟，同时也要将领会的思想精髓以一种完整、立体的方式呈现出来，与更多的同学分享，共同成长。

第三，图书馆馆藏图书是学校的宝贵资源，阅读时必须妥善保管，书少而借阅者众，所以必须整合利用，不能长期占据，浪费有限的图书资源。虽然不同的教师教不同的班级，但是思政课整体的教学进度是大体一致的，因此，在思政课开展“图书寻访”的实践教学期间，到图书馆借阅书籍的学生会比较多，这就需要学生个体不但要完成具体的校内实践教学任务，阅读好的书目，而且还要注重自己在公共场合的言行，懂得保护学校的图书资源，在规定的时间内借阅，不超期，不毁损图书。同时也要求借阅的学生作为一个群体，要懂得整合资源、合理利用资源，真正让好的图书流动起来，提高图书的借阅率，让更多的同学能够阅读到，让学校的图书资源充分发挥作用和价值。

（3）活动评价

每一位同学必须完成一篇书面的阅读心得体会。如果多位同学阅读的是同一本书，可以彼此分享阅读的感受，让大家从不同的视角去看这本书，去体会作者传递给读者的信息。如果时间允许，学生可以制作 PPT，将书中的经典语段以及读书过程中自己的感受与体会融入 PPT 中，图文并茂，以更为生动、直观的形式呈现给大家，让更多同学能够了解书的思想和内容。

作为思政课的重要组成部分，学生读书撰写的心得体会切忌抄袭，一经发现，按照未完成实践环节处理。

教师根据学生阅读、分享、撰写、制作等多方面的表现，进行综合评定，最后给予此实践教学环节的成绩。

2. 注意事项

“图书寻访”实践教学环节的设置目的是把广大大学生从碎片化的阅读中解放出来，以实践教学这一必修环节要求学生认认真真阅读一本书，重拾阅读的习惯，体会阅读的乐趣。要求大学生不但要阅读，而且还要通过阅读真正有所感悟和体会。

教师一定要注意把握好开列书目的质量，确保开列书目是当代大学生比较感兴趣的，是真正对学生有益的，同时也是与学生目前所学思修课的教学内容紧密结合的，思政课教师还要让学生明白为什么要阅读这本书，知其然知其所以然，使学生的阅读更具目的性，而不是盲目地阅读。

对于自行选择图书阅读的同学，负责指导的思政课教师应该及时与学生沟通，了解学生所选阅读书目的内容，防止出现选书不当的现象，或者引导学生从某一个或几个视角来阅读该书，让学生的阅读有所收获。

要想让学生有深入细致的阅读，必须给学生足够的阅读时间。同时，思政课实践教学环节的“图书寻访”因为涉及第二章和第三章两个章节，因此，一般教师会给学生留出一个月的时间来认真阅读、精细阅读，以保证阅读的质量。

3. 总结思考

“图书寻访”，一方面是为了引导学生在抖音、小视频等微媒体、碎片化阅读的时代能够就某一个方面或者领域进行深入、系统的阅读；另一方面是为了充分利用高校丰富的图书馆资源。最为重要的是让大学生经由细致的阅读，能够真正在内心有所触动、反思，学会思考自己的人生规划、社会的未来发展、国家的强大、民族的复兴等，逐渐走出泛娱乐化的困境，勇于进行自我反思，勇于担当时代重任。

在进行“图书寻访”这一环节时，时不时会发现有学生并没有认真、完整地去阅读某一本书，而是粗略看了一下，然后在网络上搜索一些关于此书的书评或者读书笔记来完成自己的读书心得体会，这是一种不诚信的表现。思想道德与法治最主要的目的就是培养学生思想道德素养和法律素养，这种行为是绝对不应该出现的，一旦出现此种行为，即一票否决，实践教学环节成绩为零。如若没有惩罚措施，“图书寻访”实践教学环节的质量就会大打折扣，因此，在思政课的实践教学过程中，必要的引导、认真的指导与明确的奖惩应该有机结合的。

"图书寻访"除了教师指定学生阅读某些书目外，更为重要的是通过这一环节，让大学生养成彼此分享好书的习惯，学生之间本身有很多共同的兴趣和观点，分享的图书也容易引起其他同学的兴趣。此外，优秀的图书有很多，每个人的时间和精力都是有限的，通过彼此的分享可以让学生们省去寻找和选择图书的时间，有更多的时间去细细品味和阅读图书，丰富自己的思想，提升自己的品位。

第五节　校园实践教学方式之知识竞答

一、知识竞答介绍

大学生对于知识的掌握可以有很多种方式，既有在教师课堂讲授中的理解与识记，也有在课外学习资料中的掌握，还有在社会实践中的获得，其中知识竞答就是一种比较常见的形式。此外，知识竞答也是一种科学知识普及的有效途径，学生为了能够正确回答竞答题目，就必须进行全面的知识准备，这样他们势必会广泛地收集和阅读相关的课内、课外资料，这个准备的过程本身也是学生实践和历练的过程。知识竞答是学生校内实践的一种形式，能有效调动广大高校学生掌握知识的积极性，近年来知识竞答也越来越受到大学生的欢迎。

具体来说，知识竞答就是思政课教师结合教学大纲和教材所学内容，为了考查课程当中的某些知识点和内容，拟定竞答的题目和相关参考答案，组织校内学生以竞赛的方式参与其中，并且通过竞赛的方式来巩固所学知识和内容。同时，知识竞答还具有其他校园实践教学形式不可比拟的优势，那就是知识竞答形式非常灵活，既可以在整个大学校园开展，也可以在某个二级学院开展，还能够以班级为单位开展，不同规模和级别的知识竞答都是为了达到同样的目的，那就是帮助大学生理解和掌握思政课或者与思政课相关的内容。例如，某高校在思政课教师的倡导和组织下开展了“改革开放四十年”的知识竞答，因为是围绕改革开放四十年的人和事，范围非常广泛，所以学生在准备知识竞答时需要查找和收集大量的与改革开放四十年相关的资料，这其中涉及政治、经济、文化和社会生活的方方面面。为了获得好的名次，在这期间学生学习的主动性往往特别强，而且也非常有针对性，在如此积极、主动、高强度的学习之下，一个非常好的结果就是，经由此次知识竞答学生对改革开放四十年这段历史时期的相关知识掌握得都非常扎实。由此可见，知识竞答不但能推动学生的自我学习，而且能够在高校范围内营造一种共同学习、热爱学习的良好学习氛围，这也是一种非常好的思政课校园实践教学形式。

二、知识竞答的教学设计

知识竞答这一校园实践教学形式不同于其他形式，它最能激发学生学习知识的主动性与热情，其他实践教学环节更多的是帮助或者说辅助学生理解某一个知识点的内容，而知识竞答则直接指向知识点，而且对于知识点的涵盖面非常广，它以比赛的方式呈现，能激发大学生赢得比赛的热情，学习的主动性也随之提升。

1. 设计思路

在毛泽东思想和中国特色社会主义理论体系概论中“四个全面”战略布局详细讲述了中国在全面建成设社会主义现代化国家、全面深化改革、全面依法治国以及全面从严治党四个方面的努力和成绩，而这也正是中国改革开放四十多年历程中在各个方面付出的努力和取得的成效的集中体现，涉及内容和知识点非常多，如何开展课堂教学，如何通过实践教学的环节让大学生对这些知识点熟练掌握是一个难题。而知识竞答这一形式恰恰就能够将大范围的知识点集中于一个实践环节中呈现，而且借助竞赛的方式能够激发学生的学习积极性和主动性。

（1）知识竞答方案的制订

以“改革开放四十周年知识竞答”为主题，通过知识竞答的方式鼓励和推动学生多多了解和掌握中国改革开放四十年的奋斗历程与取得的伟大成就，激发学生的爱国热情。知识竞答是在全校范围内开展校园实践教学环节，因此，在比赛时间、场地的确定方面需要学校其他部门进行紧密的沟通协调，如校团委、学生处、党委宣传部等部门。与此同时，知识竞答方案的确定既需要思政课教师的精心策划，也需要与相关部门进行有机协调。

（2）知识竞答工作的开展

整个知识竞答分为初赛和决赛两个阶段进行。每个阶段的竞答题目都分为三个类型，即必答题、抢答题、风险题。竞赛开始之前要进行广泛的宣传和动员，做好宣传工作，吸引和招募尽可能多的大学生参与其中。

正在学习“毛泽东思想和中国特色社会主义理论体系概论”的学生，以班为单位参与竞答，每班推选 3 名学生组成竞答小组。思政课教师主要负责竞答题目的准备。知识竞答现场的主持人、评委和工作人员必须经过培训和演练。预赛以行政班级为单位，通过一周的预赛环节，产生有资格参加决赛的队伍。

知识竞答共设一等奖 1 个、二等奖 2 个、三等奖 3 个和优秀奖若干。

2. 注意事项

知识竞答是激发大学生主动学习和检验其学习成效的好办法，但是检验离不开好的检验载体，知识竞答过程中各位思政课教师出具的知识竞答题目就是这一有效载体。这些题目必须是对中国改革开放四十年建设探索与经验成就的高度浓缩，因此，思政课教师的工作量非常大，不但出题数量要能满足预赛和决赛需要，而且出题的质量必须高，严禁有语意不清、含糊其词的问题出现。

知识竞答是一场非常激烈的比赛，因此要求参加竞答比赛的评委必须公正、公平地去评判，严格遵守比赛要求，严禁偏袒任何一方或者有不诚信行为出现。

知识竞答因其竞赛性质，对竞赛现场的灯光、音响、投影、电脑、抢答器等硬件的要求很高，其中任何一项出现问题都会影响比赛现场的成绩，所以对于后台工作人员的要求也非常高。知识竞答在正式开始之前要进行彩排，及时发现问题、排除隐患，确保正式比赛现场的万无一失。

知识竞答对于参加的大学生来说就是一场场比赛，比赛就意味着有输有赢，要求选手无论成绩如何都必须秉持着“友谊第一，比赛第二”的原则，遵守赛事规定和要求，不得无理取闹，影响他人比赛。

3. 总结思考

在以往的一些知识竞答活动中，组织者往往会创建一个知识题库，让参与知识竞答的学生提前通过题库中的题目进行练习，这样可以调动参与竞答学生的积极性，让其对竞答比赛有所准备。但是需要注意的是，此种形式比较适用于预赛环节，因为预赛相对于决赛来说难度较小，参赛学生的准备工作，无论是在时间还是在难度上都不太充分，有题库题目可供参考、学习，对于初次参加知识竞答比赛的学生来说是一种帮助。但是进入决赛环节，竞答比赛的难度就会大大增加，不但要有教材上的知识点，还需要有结合现实生活实际的题目出现，以考查学生的分析和判断能力。这一点需要引起出题教师的注意，也是在之后知识竞答环节需要加以完善的。

高校有着丰富的技能竞赛经验，但是知识竞答这一思政课的实践教学环节目前来看还有待加强，在未来的知识竞答筹备过程中可以吸收和借鉴学校主办专业技能竞赛的经验，丰富思政课知识竞答的内容与环节，进一步激发学生学习的主动性和参与竞答活动的兴趣，关注社会动向，关注国家发展，做一名新时代合格的大学生。

第六节　校园实践教学方式之校园文化节

一、校园文化节介绍

1. 校园文化节的含义

高等院校云集了来自全国各地的大学生，大学生们兴趣广泛且多才多艺，因此，高等院校的校园文化向来类型多样、丰富多彩，这也为大学生发挥和施展自己的才干提供了广阔的舞台。校园文化的丰富性体现在其既有与大学生学习密切相关的文化活动，如各领域的技能竞赛等，又有与大学生兴趣爱好关系密切的文化活动，如舞蹈、民乐演奏等，还有紧密结合时代特色的网络相关活动，如XX大学最美志愿者网络评选活动等。党中央、国务院一直以来非常重视大学生文化节的建设，注重充分发挥大学校园文化的育人功能，不断引导大学生积极参与和谐校园文化的建设，在建设和推广校园文化的过程中促进当代大学生的全面发展，展示高等院校在素质教育方面的显著成果。在影响和改变人的思想和观念方面，恐怕没有一种形式能够比文化这一形式更加深刻且细腻地发挥其作用了，文化往往以一种润物细无声的方式在潜移默化中影响和改变着人们。身处高校校园的大学生每日浸润于校园文化的熏陶之中，自己在不知不觉中也有了改变，而很多时候学生自己却浑然不觉，因此，我们应该充分利用文化以及与文化密切相关的形式和载体来影响和改变学生。

具体来说，校园文化节就是为了实现在潜移默化中影响和改变大学生的世界观、人生观和价值观，思政课教师、高校学生工作部门、团委多方协同在高校校园内推进校园文化节的建设，其中学生工作部门主要负责学生的培训与管理，团委主要负责学生文化社团的组织，思政课教师主要负责文化节主题的确定以及学生社团活动的指导与提升。校园文化节的文化活动丰富多彩、形式各异，也正是因为丰富多样，也很容易落入俗套，没有思想内涵。文化节的主旨不是单纯让大学生热闹一番而已，而是要借由校园文化节中贴合大学生实际的各类活动，引发学生对于人性、社会、国家、民族的思考。与此同时，在思政课教师的指导下，学生能够意识到自己身上肩负的责任与重担，进而通过自己的社团活动去进一步影响和改变周边的同学，从而达到改变高等院校校园文化环境和氛围使其更富思想性的目的。

2. 高校校园文化建设的重要性

（1）培养青年人才精神独立

不同于往期阶段，当代大学生受家庭因素、经济条件以及网络环境等多方面要素影响，精神世界相较匮乏，不具备良好的独立人格素养，容易被不良社会信息所左右。针对当前 00 后大学生，加强当代高校校园文化建设，提高校园建设环境契合度及学生认可度，对培养高素质人才精神独立意识以及丰富精神世界，具有不可替代的重要作用。

（2）构建高校和谐教育环境

校园文化建设主旨不仅局限于利用校园文化形成良好校园管

理导向。其本质是运用校园文化极强的感染力，帮助学生、教师、领导层产生自我约束，并如此往复推动高校教育工作的良性循环。故此，构建高校和谐教育发展环境，确保高校教育工作推进的自主性，方是高校校园文化建设的重要根本。

二、校园文化节的教学设计

大学校园不但是大学生学习知识、增长才干的地方，也是其提升文化道德修养与综合素质的重要场域，四年校园生活的浸染与校园文化的熏陶，在潜移默化中改变和影响着大学校园内的每一位学子。校园文化节是高校校园内一项非常重要的活动，它能将校园内很多不同的部门调动起来，同时也能给大学生提供很多展示自己、学习他人、团结互助的机会。校园文化节可以一年举办一次，也可以一年举办几次，既有某一主题的系列活动，也有不同主题的活动。无论是哪类活动，都是在我国社会主义核心价值观的指引下，在广泛收集大学生意愿的基础上开展的，旨在通过一系列的校园文化活动激发学生的参与热情，提升学生的文化素养。

作为思政课校园实践教学环节的重要组成部分，校园文化节往往紧密结合本校的实际、本校学生的实际以及思政课实践教学的主旨展开。例如，很多高校院校思政课校园实践教学环节的校园文化节都曾经选择弘扬优秀传统文化、弘扬优秀传统美德作为主题，在这一主题的指引下，大学生从不同角度来诠释、演绎传统文化，让更多的人对优秀传统文化有更新的认识、更深刻的体会，如学习法律专业的学生，从中国法律的历史渊源出发，以生动的方式展现不同时代的法律沿革与演进，让很多非法律专业的学生对中国法律有了新的认识；而学习电脑艺术设计专业的学生则利用自己的专业特长，将中国许多优秀的传统文化知识，如孝文化，以动画或者其他艺术设计的方式展现出来，既形象又生动；还有很多大学生以经典诵读、歌舞、器乐演奏等方式来向其他同学展示中国优秀传统文化、优秀传统道德的魅力。校园文化节以一种轻松愉悦、大学生喜闻乐见的方式将思政课上想要传递给学生的思想、理念于春风化雨之中渗透到学生的心里，意义非凡。

1. 设计思路

“思想道德与法治”课中的“明大德、守公德、严私德”这一章节是一个涵盖面非常广的章节，既涉及个人品德，又涉及家庭美德、职业道德，还涉及社会公德，而这些正是一个人的立身之本，一个国家社会的安定之本。这一章的重要性自然不言而喻，仅仅通过课堂讲授或者课堂上的某些实践教学环节显然还不能真正将第五章的内容完全且深刻地印到学生的头脑当中。校园文化节以校园为载体，以文化为内涵，通过多种形式的活动参与，引导学生在参与校园文化活动的过程中深刻感受中华优秀传统文化的博大精深，感受中华传统美德的无穷魅力，进而在传统美德的引领下懂得美德固然重要，但是身体力行去践行传统美德才是真谛，在今后的生活、工作中真正去践行和弘扬中华传统美德。

（1）主题确定

校园文化节的主题直接决定着整个文化节筹备、运营方向以及人员、场地、设施的安排，基于“思想道德与法治”课中的第五章“明大德、守公德、严私德”的学习内容，可以举办一期主题为“弘扬中华传统美德”的校园文化节。主题的确定就意味着这一期校园文化节都是紧紧围绕中华传统美德展开的，旨在通过各种类型的文化活动让大学校园内的大学生从不同角度感受、理解中华传统美德，用自己的行动去弘扬中华传统美德，进而在现实生活中深刻践行中华传统美德。

（2）内容确定

中华传统美德的内涵极为丰富，在文化节的活动内容中应尽可能涵盖更多的传统美德内容，如传统孝文化、传统礼仪、传统家庭美德、传统职业道德、优良个人品德等。校园文化节中以不同的活动形式将上述内容呈现出来，如经典诵读、传统歌舞、器乐演奏、舞台表演、书法绘画展，等等，彰显传统美德持久的生命力和无限魅力，让更多的大学生了解中华优秀传统文化，弘扬中华传统美德。

（3）部门职责分工

校园文化节是一个大型的综合性活动，仅仅依靠思政课的几位教师是无法完成的，需要高校多部门的通力协作，学生处、校团委、各个院系、学生社团等都是整个校园文化节有序进行的坚强保障。由于活动是以“弘扬中华传统美德”为主题，所以要求思政课教师能够先对中华传统美德的大概内容进行框定，如将传统美德分为几个组成部分，这样各个相关部门、社团可以根据自身的特点和特长选取其中之一进行筹备和组织。

2. 参考资料

资料：弘扬传统美德，展示青春风采——XX 学校第 X 届校园文化节策划方案

（1）活动目的

为了切实引导和帮助当代大学生将中华传统美德内化于心、外化于行，进一步丰富我校师生的文化生活，促进校园精神文明建设，为大学生搭建参与和体验中华优秀传统文化、感悟中华传统美德的平台，全员参与，充分利用各项活动提升大学生的综合素养。

（2）活动主题

弘扬传统美德，展示青春风采

“弘扬传统美德，展示青春风采”第 X 届校园文化节开幕式

（3）活动时间

XX 年 XX 月 XX 日—XX 年 XX 月 XX 日

（4）活动组委会

组长：XX

组员：XX、XX、XX、XX

（5）活动内容

①开幕式（负责人：XX）（时间）

②主要活动

A. 宣传类（负责人：XX）

社团优秀文化成果展（以展板的方式展示，充分展示第二课堂成果）

最美社团人风采展示（以展板的方式展示，充分展现优秀社

团学子的风采）

B. 活动类（负责人：XX）

传统经典诵读活动（时间）

中国传统器乐演奏活动（时间）

书法与绘画爱好者交流活动（时间）

C. 评比类（负责人：XX）

最美社团人评比活动（时间）

孝善之星评比活动（时间）

“传承美德，展示风采”院系文化墙评比活动（时间）

③闭幕式（负责人：XX）（时间）

（6）活动要求

①思政课教师和各班班主任要积极宣传、有序组织，做好相关工作；

②各班班主任要充分调动学生参与校园文化节的积极性，有序组织并认真指导本班学生认真开展文化节期间的各类活动，主动参与，为文化节增光添彩；

③各位教师，尤其是思政课教师要积极参与文化节的各项活动；

④各部门应积极支持校园文化节各项工作的开展；

⑤各评委老师要准时到场，认真负责，公平、公开、公正进行评选；

⑥X 月 X 日下午召开文化节活动碰头会，确定文化节的大体方案；

⑦各活动负责人请于 X 月 X 日前将活动策划方案最后确定；

⑧X 月 X 日下午前各活动负责人将文化节活动定稿发至各班级；

⑨各活动负责人必须严格按既定时间开展活动，活动精彩照片、新闻稿件要及时提供，以便及时报道。

（7）评奖办法

为鼓励各班级及个人积极参加文化节活动，表彰文化节期间表现突出的班级及个人，学校决定给予奖励，由学生处统一统计汇总并公示，具体奖项设置及评比办法如下：

①个人奖项

A. 校园之星奖（5 名）

授予本届文化节参加三项以上活动、总分前 3 名的参赛选手为本届校园文化节“校园之星”荣誉称号。

B. 优秀组织指导奖（4 名）

授予班主任 3 名，思政课教师 1 名。

本人应该积极动员学生参与活动，认真组织学生有序参与各项活动，工作扎实有成效。

C. 集体奖项

优秀班级奖（5 名）

班级同学参与热情高，个人和集体在文化节活动过程中表现突出，参加的项目种类多，参与人数多，获得奖项多，按照综合评分的前后顺序奖励前五名。

3. 注意事项

校园文化节是一个整体性活动，是各个部门、团体组织共同协作的结果，因此，整个校园文化节从预先筹备到具体的活动组织再到奖项的设置与评选都需要团队的协作，不能单纯依靠一个人或者几个人来完成。

校园文化节中有一部分评比活动，评比的过程中评委务必要做到公平、公正、公开，真正创造一个公平透明的竞争环境，让大学生不但能够享受比赛的乐趣，更能深刻感知和体会公平带来的乐趣。

除去个人展示、评比的活动，班级应该是校园文化节参与的基本单位，以弘扬传统美德为主题的校园文化节更应该是班级团结协作、凝聚力量的最佳展示平台。与此同时，在参与校园文化节的活动过程中，让班级学生感受团队协作的力量与重要性，让学生体会个人与集体之间密不可分的关系。

校园文化节是一个展示学生才艺、促进学生发展的平台和载体，学校及其相关部门作为校园文化节的组织者应该设计更多的环节，让有不同特长的学生都有展示自己的机会，同时也能有机会向其他人学习，增长自己的才干，提升自己的审美情趣，做一个真正有文化之人。

4. 总结思考

校园文化节的主题应该贯穿于整个活动的过程中，让参与活动的大学生随时随地、每时每刻都能感受到校园文化节所要传递的信息，让大学生在轻松愉悦中感受校园文化的魅力，不断融入校园文化之中，真正成为优秀校园文化的践行者和代言人。

校园文化节是一个考验学校各部门之间以及师生间团结协作的大型活动，不仅需要学校教师的努力，而且需要教师与教师、教师与学生、学生与学生之间的通力协作。校园文化节既是展示校园特有文化的平台，也是不断创造新的校园文化、发挥校园文化凝聚力的平台，还是将校园文化渗透到大学生头脑、行为的重要载体，因此，不能把校园文化节狭隘地理解为某个时间段的具体活动，而应该是持久校园文化的阶段性展现，让大学生能够持久浸润于良好的文化氛围中，不断充实自己、提升自己。

“文化”二字不仅仅是知识层面的外在表现，更是根植于内心的修养，无须提醒的自觉和为他人着想的善良，校园文化节更深层次的目的在于：经由持续、经常性的文化活动，让大学生接近优秀传统文化、传统美德，做一个品德高尚的文化人。

第四章　高校思政课的社会实践教学方式研究

社会实践教学不同于课堂实践环节中学生的自主参与，也不同于学生在校园内部各类实践活动的参与，它是依据课程的教学任务和教学要求，在教师的指导之下，有计划、有步骤地参与校园外的各类社会实践活动的形式。由于学生大部分时间都是在校园内部学习、生活，所以，社会实践教学更多的是高等院校大学生在寒暑假或者节假日的空余时间到社会中参与实践活动。思政课上讲述的很多关于人生、社会、经济、政治等方面的理论知识都比较抽象，需要学生在参与社会活动中对此方面的知识有了真实的感受才能对这一知识点有更深刻、更全面的认知。

社会实践教学的形式一般包括校外参观、公益活动、社会（家庭）调查、勤工助学、志愿服务等。多种形式的社会实践活动可以为大学生提供多种渠道了解历史、现实和生活。例如，校外参观，特别是展现革命和建设历史的纪念馆参观，可以让当代大学生更直接地感知某一历史事件的发生背景和发展过程；

参与公益活动和志愿服务，可以让大学生通过接触社会、参与社会生活，改变原有对社会的偏激看法和认知；大学生勤工助学等可以让大学生通过具体实践感受生活的不易，理解父母的艰辛，进而树立正确的人生观和价值观；大学生参与社会调查或者家庭走访调查，可以让学生对某一社会现象有更为全面的认识，改变过往从负面看问题的习惯，能够以积极、正向的视角去看问题。

社会实践教学的重要性不言而喻，社会实践教学的效果也是其他方式难以匹敌的，但是社会实践教学也有其特殊的要求。首先，社会实践教学需要教育行政部门或者高等院校对于这一实践教学形式给予时间安排上的支持与协助；其次，还需要有效整合各类资源，一起为思政课的社会实践教学提供多方面的便利和支持；最后，还需要高等院校对思政课社会实践教学给予经费和组织管理方面的鼎力支持。离开实践经费的投入，社会实践活动可谓寸步难行，离开学校各部门的有效协调与组织，社会实践教学很难有序、稳定、长期开展下去。

要想让当代的大学生学有所获、学有所成，仅仅依靠课堂讲授显然不够，更需要学生们在课堂之外、校园之外广阔的家庭、社会生活中去体会和感悟，才能真正收获学习、生活的真谛。思政课校外实践教学就是充分利用大学校园之外的广阔空间，来影响、锻炼和提升当代大学生的思想道德修养和社会责任感，将大学生的个人实践与广阔、生动的社会活动空间相联系起来，真正教会大学生如何做人做事。

第一节　高校思政课社会实践教学之基地实践

一、基地实践介绍

理论讲授与实践锻炼相结合才是学生理解和掌握知识的最佳方式，高等院校历来非常重视实践教学基地的建设，力图将学生的校内学习与校外实践有机结合起来，真正达到学以致用的目的。但是就目前状况来看，高等职业院校的实践教学基地更多的是倾向于学生专业技能的实践，如司法类专业的实践教学基地多为各级基层法院、检察院，而文秘类专业的实践教学基地多为各类企业或者专为企业提供文秘类职员的公司抑或人力资源公司，社会工作专业的实践教学基地多为街道办事处、社区居委会或者各个社会工作专业机构，这些实践教育基地都是与学生的专业技能实习直接对接的。而专门的思政课实践教学基地则比较少，然而在当前社会思想多样、价值多元、生活方式也日益多元的背景之下，大学生的思想和行为也日益多元，要想引导学生树立正确、科学的价值观，培养符合社会规范的行为方式，思政课教学就需要有一套行之有效的理论和实践相结合的教学方式。

具体来看，基地实践就是思政课教师带领高校学生走出校园，走到学校定点的校外实践基地进行实地生产、制作或服务，真正以一名劳动者或服务者的身份去接触社会、感知社会、了解社会，进而服务社会。在此过程中教师根据教学需要和教学目标引导学生有所思考和感悟，对人生、生活、工作、社会形成更为理性的认识，进而确立科学的世界观、人生观、价值观。一般来说，每一所高校所在的城市或地区都有一定数量的历史文化古迹和红色革命遗址或者博物馆，这些地方都蕴藏着丰富的教学资源，作为高校校外实践教学基地，可以让学生在思政课上学习知识的同时，深入到这些基地进行实践。例如，培养高校学生成为红色教育基地的实习讲解员、引导员等。让学生作为一名讲解员去为参观学习的学员进行相关史料的讲解，是一个非常好的历练机会，同时也有助于学生对于自己在课堂上和校园内所学知识有一个主动深化理解的过程。因为讲授与学习不同，学会了不一定就能完整顺畅地讲述出来，更不一定能讲好；而能够完整、清晰地把某一个史料或者知识点讲述给听众，讲述者本人一定是学懂了学会了。由此可见，基地实践是一种真正有利于学生将课堂所学内容转化为自身实际行为的不可或缺的实践教学形式。

学生接受思政教育是一个知、情、意、行相统一的过程，每一个环节都不可或缺。对学生而言，仅仅开展课堂的理论教育教学是不够的，还需配合外出参观考察、活动体验等实践教育教学。思政课实践教学是思政课教学的重要组成部分，是思政课课堂理论教学的拓展和延伸，是使学生在实践活动中将所学理论内化为思想与行为的重要环节。思政课校外实践教学基地是开展思政课实践教学的重要载体，搞好校外实践教学，开辟、建设校外实践教学基地十分必要和重要。高校开辟、建设一批稳定的思政课校外实践教学基地并予充分利用，对于搞好思政课实践教学，加强对师生的爱国主义、历史文化、革命文化及社会主义核心价值观教育将会发挥重要作用。

二、基地实践的教学设计

思政课校外实践教学能够有效弥补课堂实践教学与校内实践教学的不足，校外基地实践教学给大学生提供了近距离接触社会、了解社会的机会，同时也有助于锻炼和提升其职业技能。更为重要的是，它能够在真正的实践中修正学生的思想、理念和行为。

基地实践不仅是思政课实践教学的必要组成部分，也是当前高校增强学生职业技能与素养的必要途径。基地实践从职业道德素养的角度看，能够通过真实的职业环境、职业生活让学生对职业有更为全面、立体的认识，同时体验职业生活的严谨，对职业产生敬畏之心，提升职业道德与职业素养。从思想道德素养的角度看，可以让学生对生活、对社会有真实的体验，懂得生活的不易，懂得父母每日工作养家的不易，懂得正确看待每一份职业及其从业者，树立一种积极向上的人生态度，进而建立正确的人生观与价值观。

1. 设计思路

(1) 实践方案的制订

校外实践是高校与实习单位为共同培养学生成长而建立的一种合作关系，通常高校与校外实践基地都有长期合作的关系，双方一般都签有合作协议，协议明确了双方的权利和义务。学生应该严格遵守学校的实习规定，认真完成实习单位布置的工作，遵守实习单位的工作纪律；实习单位应该给学生在本单位实习提供支持与便利，高校与实习单位都希望学生在有限的实习时间段内能够学有所思、学有所获。与此同时，学生进行校外实践应该严格按照实践方案进行。一般来说，实践方案包括了学生实习的时间、地点、内容、注意事项以及成绩的评定、学分认定等。实践方案是校外实践的基本指引，因此，必须在校外实践进行前制订一个完整的、贴合具体实践情况的校外实践教学方案。

（2）校外实践前的准备工作

凡事预则立，不预则废。作为思政课的校外实践教学，思政课教师必须在校外实践教学活动进行前就对此次实践教学所要达成的目的有一个清醒的认识，而实践目的的达成与思政课上所学的内容是密切相关的。以法律文秘专业的学生所到的检察院、法院等实习基地为例，实践之前必须明确此次实践教学的目的，不但要让学生通过参与证据采集、庭审现场等活动，感受不同人的人生轨迹、人生目的、人生态度和人生价值，而且还要真实感受作为一名司法工作者对待工作应做到有敬畏、严谨与缜密。简言之，从案件当事人身上看到不同人的人生观、价值观，从司法工作者身上看到职业道德。

（3）校外实践过程中的指导

校外实践过程中，学生离开学校，进入实践单位，而单位不同于学校，有行业和单位固有的工作规范，参与校外实践的学生必须遵守。这一点，校外实践的指导教师必须给参加实践的学生以清晰的指导，如在司法系统实践的学生指导教师必须明确指出违反工作操作规定可能造成的严重影响，一个很小的失误，既会给当事人造成严重影响，也会影响司法判决的公正性。此外，如果高校学生到红色教育基地做讲解员，指导教师应该要求学生首先全面了解教育基地的历史及概况，同时能够准确、熟练地向他人讲述教育基地的相关情况，讲红色故事，传递红色精神，做红色传人，不做有损基地和学校声誉的事情，不做违反基地规定的事情。总之，虽然学生走出校园，但是教师的指导不能缺位。

（4）校外实践后的交流分享

校外实践之前思政课教师给学生布置了一些实践过程中需要注意观察和思考的问题，实践过程中每一个大学生面对当事人和法官、检察官都不一样，每一个学生观察到的内容不同，每个人的体会和感悟也各不相同。实践之后的交流分享环节可以让学生们分享自己的所见、所闻、所感。一方面分享实践过程中的经历，感受干好一份职业的严谨与不易；另一方面，学生之间可以经由分享在思想上产生激烈的碰撞，对自己的人生有一个新的认识，修正自己的人生目的、态度和价值观，对职业心怀敬畏之心，理解职业道德对于个人发展与社会和谐的重要性。

（5）成绩评定

校外实践教学虽然教学的场域和形式发生了变化，但始终是思政课教学的重要组成部分，而且是必修环节，因此必须有一个严格而完善的考核环节。校外实践教学环节成绩的评定主要由三个部分组成：一是实习单位指导教师的评价，二是校内指导教师的评价，三是实践报告的撰写与实践后的分享交流。这三个部分可以较为全面地反映一个学生在校外实践期间的综合表现。

2. 注意事项

不管是与提升职业技能的专业实习相结合的思政课校外实践教学还是单纯的思政课校外实践教学，其目的都是为了让大学生能够通过亲身参与社会实践，对人生、对职业、对生活、对社会能有一个更为深刻、理性的认识。在基地实践活动结束之后，要让学生撰写接触专业的感知，通过撰写专业感知促进大学生对基地实践的再思考。例如法律文秘专业的学生到司法机关的校外实践，要求学生在实践中注意观察和分析司法工作者与案件当事人的言行举止，分析作为一名司法工作者应该具有哪些职业素养和职业道德，分析作为案件的当事人在案件发生、发展的过程中存在哪些需要改进的地方，思考自己在司法机关实践的过程中与司法工作者、与案件当事人的交流沟通过程是否顺畅，有哪些做得不到位的地方，等等。

而去到中国抗日战争纪念馆和禁毒教育基地进行实践，尤其是很多学生在实践过程中经过培训成为纪念馆或教育基地的讲解员负责为前来参观的人员进行讲解，这种单纯的思政课校外实践教学要求学生带着这些问题去实践：一个人的人生到底应该怎么过？自己应该以一种什么样的态度去面对未来的人生？个人的价值应该通过什么样的方式去实现？个人与社会的关系到底应该是什么样的？只有结合自己的亲身实践，结合自己对于抗日英烈的近距离了解，结合自己对于吸毒人员的近距离接触，才能对上述关于人生目的、态度、价值等问题有一个比较清晰、深刻的认知。

实践教学除了学生的实践，教师的指导也必不可少，当学生在实践过程中遇到困惑、难题时，教师应该及时给予解答，消除学生的困惑，帮助学生建立正确的思考方式和正确的价值理念；学生在撰写实践报告的过程中遇到问题，教师也应该及时加以指导和解答。

基地实践过程中学生都身处校园之外，人身安全是最为重要的，指导教师必须将安全方面的注意事项及时传达给学生，并要求学生认真执行，确保基地实践期间的人身安全。

3. 总结思考

实践的目的在于深刻理解课堂上所学的理论，经由实践去验证理论的正确性。只有他们自己亲眼看过、亲身体验过才能真正对教师课上所讲内容有一个较为理性的认识。禁毒教育基地的实践，不仅仅是要告诉大学生不能靠近毒品，更应该通过每天给他们讲述的一个个活生生的案例，让他们深刻感受到一旦沾染毒品他们的一生就会如同案例中当事人那般家破人亡、妻离子散，身体每况愈下，更何谈人生发展、人生价值。

当代大学生的权利意识日益觉醒且强烈，他们习惯从消费者、纳税人的视角去审视别人，对他人的要求也比较高，而对自己的要求和约束相比之下却要差一些，在司法机关的校外实践，让他们看到了做一名司法工作者的不易，职业道德看似是基本要求，真要做到也非常不易。自己未来也将是司法系统的一员，也要遵守并严格执行职业职责与职业道德。同时，也要让大学生反思，如若司法系统的工作人员有违职业道德、徇私枉法，那么社会将会面临怎样的危险，进而懂得道德在不同领域的重要性，懂得个人品德、家庭美德、职业道德、社会公德对于社会、国家及对于每个人的重要性。

第二节　高校思政课社会实践教学之校外参观

一、校外参观介绍

观察是一种很好的学习方式，个体想要了解和掌握某方面的知识无须事必躬亲，亲自去实践每一个行为、活动，只需要认真观察其他人是怎样做的即可。模仿也是一种很好的学习方式，当个体不会、不知该如何做时，可以通过模仿他人的正确行为来达成目的，这是一种非常简洁但是效率很高的学习方式。当代大学生求知欲望强烈，想要学习和了解的东西很多，但是因为自身学生的身份以及时间、精力有限，无法事事都通过自己亲身实践去达成，因此，利用假期到校外去参观考察，在参观的过程中观察和模仿优秀人物的行为，不断改造自己的行为就成为一种非常好的学习方式。

具体来说，校外参观就是思政课教师结合具体教学内容的进度和安排，组织大学生走出大学校园，进入到具有学习和考察价值的场所，让学生在真实的场景之中去倾听、观察和了解某一个具体的历史时期的不同人的所思、所想和所为，进而受到启发、感染，并有所收获的一种校外实践方式。校外参观看似简单，实则需要思政课教师的大量付出，教师不但需要结合教学内容以及教学所要达到的目的去选择参观的地点，而且还需要准确把握每次外出参观在大学生的思想和行为上会产生怎样的影响和效果。要想让大学生深刻理解和领会思政课程中的某些内容，仅仅依靠教材上有限的内容讲解显然是不够的，而校外参观则能很好地弥补这一不足。

二、校外参观教学设计

校外参观是思政课校外实践教学形式之一，它带领大学生走出校园，走到革命先烈曾经战斗过的地方，走到纪念革命先烈的纪念馆，走到在中国革命和建设过程中具有里程碑式意义的纪念场馆，让学生感受先烈们当年的英勇事迹，激发当代大学生的爱国情感。

1. 设计思路

毛泽东思想和中国特色社会主义理论体系概论阐述的是中国共产党人领导人民进行革命、建设、改革的历史进程及其在这一进程中所积累的宝贵经验。无论是毛泽东思想还是邓小平理论抑或习近平新时代中国特色社会主义思想，都有其形成的独特背景，都与那个时代党的领导核心人物的生活、工作经历密切相关。正因为如此，思政课教师可以带领学生走出校园，走到领袖人物曾经生活和工作过的地方，去了解和感受他们当时的所思、所想，去了解他们的决策背景，这种实践教学方式具有其他实践教学形式无可比拟的优势。以“新民主主义革命理论”这一章节为例，李大钊同志在新民主主义革命过程中做出的贡献是卓越的，而李大钊同志的故居就在学校所在地的北京，因此，对于北京的学生来说，外出参观具有可行性。下面以参观李大钊同志的故居为例，就校外参观的具体方案设计如下。

（1）确定方案

外出参观，表面看只是乘车去某个地方进行参观，实际背后有诸多事宜需要处理，如参观时间的确定、参观人数的确定、参观路线的确定、车辆的确定以及为学生购买意外险。

①参观时间。“毛泽东思想和中国特色社会主义理论体系概论”课所在学期的某一个周末，因为该门课程是大班合并上课，有的是两个合班，有的是三个合班，工作日各班课程安排不同，无法实现同时外出参观。

②参观人数。原则上每个正在学习“毛泽东思想和中国特色社会主义理论体系概论”的学生都必须去，但是因疾病或其他原因有请假条者例外，参观人数由班主任提前一周确定，并将参观人数统一报送。

③参观协调。带学生外出参观任务艰巨，思政课教师可以整合资源确保活动得到学校更多部门的支持与协助，如寻求学生处、校团委在人员和安保方面的支持等。

（2）组织参观

参观过程中各班有序进入、离开，不得喧哗、大闹，认真聆听讲解员的讲解，如有疑问需要解答，举手示意带队老师。

（3）撰写观后感

外出参观不是走马观花，而是要在仔细参观的过程中有所感悟并形成新的认知，通过实地参观更能了解革命先烈当时所处的困境与革命过程的艰辛。因此，撰写观后感是确保学生能够认真聆听讲解、仔细观察革命先烈曾经的足迹的一种手段。同时，观后感要求手写，且杜绝抄袭。

（4）成绩评定

此项实践教学环节中学生的表现主要由两个方面组成，一是外出参观时的表现，二是观后感的撰写质量。评价主体由思政课教师和学生课代表共同组成。

2. 参考资料

资料：北京李大钊故居

李大钊（1889—1927），字守常，中国共产主义运动的先驱、伟大的马克思主义者、杰出的无产阶级革命家、中国共产党的主要创始人之一。在党的二大、三大、四大当选为中央委员。1924年底，任党的北方区执行委员会书记。1922年受党的委托在上海与孙中山先生谈判国共合作，以共产党员的身份加入国民党，1924年出席国民党一大，当选为中央执行委员。1927年被反动军阀杀害于北京。

从1916年夏至1927年春，李大钊在北京工作、生活10年，先后居住过8个地方。1920年春至1924年1月，李大钊一家在石驸马大街后宅35号（今西城区文华胡同24号）北院居住将近4年，这是他在故乡之外与家人生活时间最长的一处居所。1979年8月21日，李大钊故居被公布为北京市重点文物保护单位。

故居为一小三合院，占地面积约550平方米，有北房3间，东、西耳房各2间，东、西厢房各3间。其中北房东屋为李大钊夫妇的卧室，东耳房为李大钊的长女李星华的卧室，东厢房北间为李大钊长子李葆华的卧室，东厢房南间为李炳华的卧室，西厢房为李大钊的书房。

李大钊故居在中国共产党的历史上有着特殊的价值。在后宅胡同居住的时期，是李大钊人生事业的第一个黄金时代，也是他异常忙碌的时期。他为传播马克思主义、创建中国共产党、建立国民革命统一战线、巩固和发展国共合作、领导北方革命运动做出了巨大贡献。他也是名重当世的具有高尚道德品质的学者和思想家。在此期间，李大钊发表各种文章 140 余篇，文字总量超过 33 万余字，平均每 9 天一篇；参加各种会议 120 次，包括共产党三大、国民党一大等，平均每 10 天一次会；陪同会见、拜访各界人士 30 次，讲演 30 次（不算讲课），到广州、上海、武汉、洛阳、天津等地从事教学和革命活动。当年，许多青年都曾在李大钊家借住过，感受过李大钊师长般的关爱和教诲。中共北方党组织的一些重要会议曾在李大钊的书房内召开。

李大钊在担任北京大学图书馆主任期间，改革管理办法，增购图书，让图书馆真正成为大学生汲取营养、奋发有为的温室，很多青年就是在李大钊主持的图书馆中读到了当时世界最新的理论书籍，使自己的认识达到了飞跃，从而走上了救国救民的实践之路。1920 年，李大钊等人在北京大学图书馆成立“共产主义小组”。不久，在李大钊的帮助和指导下，邓中夏等人成立了北京共产主义青年团。青年团的成员到长辛店办工人补习学校，把《工人周刊》等杂志带到学校，帮助工人识字，认清社会现实，建立工人组织。1922 年，长辛店工人举行大罢工，并得到唐山等地工人的支持。工人作为一种重要的力量登上了中国的历史舞台，改变了中国革命的面貌。

北京李大钊故居是传播马克思主义、创办中国共产党、领导北方工人运动、促成第一次国共合作等一系列革命实践活动最具代表性的历史地址。

资料分析：

李大钊同志是中国共产主义运动的先驱、伟大的马克思主义者、杰出的无产阶级革命家，也是中国共产党的主要创始人之一。但是很多大学生对他的了解也仅仅是一些重要的评价而已，他们并没有真正了解李大钊以及像李大钊这样的革命先烈为中国的革命做出过哪些艰苦卓绝的斗争，这显然是不行的。上述资料在向大学生展示李大钊同志故居的同时也展示了李大钊同志心怀天下，积极投身于劳苦大众的解放事业的一生，有助于培养青年大学生的责任感与时代担当精神。

3. 注意事项

校外参观首先应注意外出参观学生的人身安全，安全必须放在第一位，必须为参观学生购买意外保险。

校外参观，参观是手段，通过参观有所收获才是目的，因此，必须有检验学生参观效果的手段，撰写观后感就是非常重要的一个检验手段，尽管并不新颖，但却是一个检验学生参观体验和收获的重要方法。在检查学生上交观后感时，应该关注学生所表达的参观体验，特别是学生不满意的地方，以期不断改进思政课在校外参观这一方面的设计。

4. 总结思考

校外参观一则走出校园，一则以参观的方式进行学习，这两样很容易让大学生忘记了自己为何而来，外出参观的初衷与目的是什么。此外，参观北京李大钊故居不仅仅是单纯为了了解李大钊个人及其为革命做出的贡献，更为重要的是了解李大钊所处的那个时代、那个革命阶段，了解新民主主义革命中中国人民的抗争与求索的过程，进而激发大学生的爱国热情。即使外出参观也是要与毛泽东思想和中国特色社会主义理论体系概论这门课程的内容紧密结合，只有带着这样的认识，才能明白并实现参观的意义和价值。

第三节　高校思政课社会实践教学之社会发现

一、社会发现介绍

没有调查就没有发言权，进行深入全面的调查研究是我们获得丰富、翔实数据和资料的基础，也是我们透过事物的表象认识事物本质、揭示社会发展规律的重要途径。当今社会瞬息万变，资讯异常发达，对于广大正在求学的大学生来说，学校课堂固然是获取知识信息的途径，但是在课堂之外，广阔的社会环境才是大学生真正获取知识信息的重要途径，毕竟教科书上的知识在这个信息瞬息万变的时代很快就会显得陈旧，加之大学生对于新事物、新理论又充满了渴求。因此，高校课堂上教师教授学生应该采用一种高效学习、有效学习的方法，而非有限的知识内容，因为掌握了学习的方法，就如同掌握了点石成金的指头，在未来的学习、生活中可以凭借此学习方法持续地获得知识，持续地让自己得到成长和发展。社会发现这种方式就是一种有效的让学生持续发展和提升自己的方式。

世界不是缺少美，而是缺少发现美的眼睛。确实，社会生活中有很多美好的东西值得我们去发现、聆听、欣赏和学习，只是现代社会人们都习惯快节奏的生活，理性至上，人们大多关注某样东西的实用性及其对人类的价值，无心去慢慢欣赏和品味生活本身，发现生活带给我们的除去实用、功利的另外一面。当代社会发展日新月异，创新无疑是社会发展的动力和源泉，而创新首先源自对于生活的仔细观察和发现，没有一双善于发现生活之美的眼睛，显然无法挖掘自身创新的潜力。当代大学生虽然生活于速食时代，但是内心始终要保留一份求真、唯实、探索的精神，唯有如此，方能在极速飞奔的时代漩涡中不至于迷失自我。

具体来说，“社会发现”这个实践教学环节就是要思政课教师能引导学生在课堂之外，在自己的校外生活和学习中培养敏锐的洞察力，善于观察和发现生活中真、善、美，善于发现自己、他人、社会还存在哪些不足和问题，积极去思考、分析如何解决问题，让我们的生活更和谐、美好。在发现生活这一校外实践教学环节中，思政课教师起着非常重要的作用，他们承担着引导学生去哪里、向哪个方向发现和寻找，到底要发现和寻找什么的重任。例如，在思政课讲授“社会主义核心价值观”这一章内容的时候，思政课教师普遍面临的问题是，内容理论性较强，学生觉得内容比较空泛。在讲到这部分时思政课教师很可能会列举出很多的案例、人物事迹等来让学生理解何谓社会主义核心价值观，但从学生的角度来看，毕竟那些案例大多都不是发生在自己身边的事情，感受并不是很深刻。而在校外实践“社会发现”这一环节中，思政课教师鼓励学生从自己的生活中、家庭中甚至实习的工作单位中去发现那些真正在努力践行社会主义核心价值观的人或事，并将这些发生在自己身边的真实的典范、事迹讲述给老师、同学听或者书写下来。学生在校外实践中的发现本身需要一种热情和敏锐性，而把这些事迹典范讲述或书写的同时又是对社会主义核心价值观的一种重新思考、组织和梳理，对于社会主义核心价值观又有了新的更高一层的认识。因此，校外实践中发现生活之价值，其重要性不言而喻。

二、社会发现的教学设计

人的思想源自生活，思想的改变也源自生活改变，生活给予了我们很多，有很多令人感到温暖与期待的瞬间，社会发现就是要通过大学生的亲身实践，让他们去寻找、体会和感受生活中积极美好，让人感动温暖和幸福的一面。通过这一个实践环节，让更多的大学生学会换一个角度去看待生活、看待社会、看待国家，建立一种积极正向的思维，建立对社会主义核心价值观的认同，并能在生活中真正践行社会主义核心价值观，为社会、国家传递正能量。

1. 设计思路

“思想道德与法治”中的“践行社会主义核心价值观”是“思想道德修养与法律基础”课程中理论性比较强的一章，如果思政课教师单纯只是以理论讲授的方式进行教学，很可能会让学生感到枯燥乏味，但实际上这一章又是整个“思想道德修养与法律基础”课中最为重要的一章。因为在这个多元价值、多元文化的时代，如果没有一个能够凝聚和统领大众的共识，那么国家、社会很有可能成为一盘散沙，这是极其危险的。在校外实践教学环节设计“社会发现”就是要引导大学生从自己的生活中或者实习单位中去发现真善美，发现积极且富有正能量的人和事，引导青年在这个价值多元且时有冲突的社会中寻找和发现能够凝聚大众思想、整合大众力量的价值观，努力成为培育和弘扬社会主义核心价值观最积极、最活跃、最充分的青年先进代表，为社会的和谐、繁荣贡献自己的一份力量。

（1）主题确定

活动的主题是整个实践活动的方向和指引，确定主题是首要环节。“社会发现”是思政课校外实践教学环节的某一个环节的总称，需要进一步加以明确，为学生的校外实践提供更为具体的指引。

确定主题为“社会发现——践行社会主义核心价值观之典范”，明确指出大学生要发现的是社会主义核心价值观的践行典范，应该是积极正向的，是对国人、对大学生有影响、示范和指引作用的人和事。

(2) 实践目的

通过现实生活中的观察与寻找，发现社会主义核心价值观的积极践行者，分析这些社会主义核心价值观的践行典范所处的环境背景、所做出的事迹以及自身所具有的鲜明特征，对照自身，发现自己存在的不足，进而严格要求自我，努力提升自我，向先进看齐，认真学习和理解社会主义核心价值观的基本内容，并身体力行、自觉践行社会主义核心价值观，做新时代的合格大学生。

(3) 任务要求

①必须从自己生活的现实环境中去寻找和发现社会主义核心价值观的践行典范，个人或者集体均可；

②认真观察并记录社会主义核心价值观之践行典范的思想、行为与优秀事迹；

③在寻找和观察过程中必须保存相关的图片或视频资料；

④对照自身，分析自己对于社会主义核心价值观的认识是否到位，自己在践行社会主义核心价值观的过程中存在哪些不足；

⑤思考并规划自己在未来应该如何更好地践行社会主义核心价值观。

(4) 具体实施

①×月×日，发布本期“社会发现”的主题及任务要求；

②×月×日—×月×日（20天），学生去观察和发现典范，并认真记录其思想、行为与事迹；

③×月×日—×月×日（5天），学生对照自身，分析并发现自己的不足；

④×月×日—×月×日（5天），制订未来践行社会主义核心价值观的计划并提交。

（5）成绩评定

指导教师根据学生的观察记录、典范资料、自身规划三者的完成质量来进行学生校外实践的成绩评定。

2. 注意事项

在“社会发现”中的社会主义核心价值观的践行典范这一实践活动中，大学生应该以一个发现者、记录者、学习者和践行者的身份或者角色去完成这一实践任务，发现和记录的目的是为了更好地学习和践行社会主义核心价值观的基本要求，而非仅仅为了记录，这一点是大学生必须明确和注意的。

此外，生活中有很多榜样人物值得我们学习，他们往往是自力更生、坚韧不拔、艰苦卓绝奋斗在某个领域的普通人，他们有很多我们要学习的地方，同时也有很多不为人知的苦楚、孤寂与辛酸。这就需要学生们在近距离接触这些“最可爱的人”时要注意自己的交流、沟通的方式方法，要保护好他们的“伤口”，不要因为自己实践过程中的访谈和交流而又一次伤害到他们。

社会主义核心价值观是一个有机的整体，从个人到社会到国家，被发现和记录的生活中的优秀践行者虽然只是个体，但是从个体身上，我们能够感受到抑或想象到无数个这样的个体所组成的社会、国家将会是怎样的。因此，虽然本期“社会发现”的主题——发现社会主义核心价值观的践行典范发现的多为个体，但是，每个人都时刻应该意识到社会主义核心价值观是一个有机的整体，个人、社会、国家三个层次之间并不是割裂的，而是有机结合在一起的，大学生应该把个体的践行与国家、社会整体层面的要求、标准紧密结合起来，有全局意识，在整体思维的指导下去看待和践行我们的社会主义核心价值观。

3. 总结思考

“社会发现”是一个让大学生贴近生活、观察生活、记录生活，进而学习优秀的人和事情的一个实践教学环节，因其实践性符合当代大学生乐于探索实践的特点，所以在一定程度上能够把学生从网游、手游中解放出来，让他们从虚拟的游戏世界走出来，去观察和了解真实的世界，去发现真实世界中令人敬仰和感动的人和事，这是“社会发现”这一实践教学环节最为重要的一点，也是其值得长期持续开展下去的重要原因。

“社会发现”这一实践教学环节的设置不仅仅是为了让社会主义核心价值观进入当代大学生的头脑里、行为中，而且还为了让“思想道德修养与法律基础”课程当中的人生观、价值观、中国精神、优秀传统道德、法律意识等通过更接地气的方式进入到学生的头脑中，让他们发自内心、主动地去认同榜样们的思想，主动地去学习榜样们的行为，最终达到提升自我的目的。

思政课教师作为学生校外实践的指导教师，自身应该站在更高的角度去看待校外实践及其对于学生的意义，而不是完全局限于某个很小的限定的主题，只要学生能够经由生活、经由实践有自己对人对事的认识，自身能力也能得到提升，这本身就是实践教学所要达成的目的。

第四节　高校思政课社会实践教学之公益活动

一、公益活动介绍

随着人们物质生活水平的提高，人们对于精神生活的要求也日益提升，满足人们的精神需求，除了通过各类文化体育活动之外，还需要诸多能够体现现代人社会价值的公益活动。参加公益活动有助于现代人施展自己的才能，奉献自己的爱心，为有需要的人、为社会贡献自己的一份力量，也有助于促进社会和谐。

具体来说，公益活动就是思政课教师鼓励大学生关注社会中各类群体的生活境遇，关心社会发展，积极参与社会活动，充分发挥自身的专业知识与技能，为社会上有需要的人群和组织贡献自己的一份力量，进而在参与公益活动的过程中对社会有一个更为全面、深入地认识。现代社会公益活动的范围已经非常广泛，涵盖社会生活各个方面，大学生参与公益有充分的选择空间，可以充分发挥自己的专业所长，真正选择社会所需且自己感兴趣、有能力胜任的公益活动。例如，法制宣传、环保知识普及、灾害预防与救助、爱心慰问与捐赠等公益活动。参与公益对于大学生来说本身就是一种体验和历练，公益活动的对象各不相同，公益活动的内容也各不相同，大学生在参与的过程中本身也在体验不一样的生活，突破了自己既有的生活，对生活的其他方面有了自己的认识和体会，对象牙塔之外的世界有了比较直接的接触和更为深入的认识和体会。加之，现代社会通信技术发达，互联网、微媒体发达，大学生有了更多参与公益的途径，既可以在线下参与公益活动，也可以在线上参与网络公益活动，如公益歌曲的征集、通过网络发起对某些困难人群的帮助，等等。由此可见，公益活动让大学生有了新的生活体验和感悟，这些是思政课堂上仅仅通过课堂讲授难以达成的效果。

二、社会调查的教学设计

公益，顾名思义就是社会公众的福祉和利益，公益活动是公民参与精神的重要表征，也是增加公众社会福祉的重要途径，在组织公益活动时，既要遵循公德、符合公众的意愿，更要营造一种全民参与的良好氛围。当今时代交通、通讯、社交媒体异常发达，大学生参与公益活动的媒介和平台也非常多，参加公益活动也有非常多的选择，既可以选择参与的方式，如线上或线下，也可以选择帮助的对象，如孤寡老人、残障人士，等等，还可以选择自己参与的途径，如学校组织或个体参与。无论是参加哪种形式的公益活动，都应该始终牢记“公益”二字的含义，坚持用最实在的行动诠释公益精神，让更多的人感受到公益的力量，融入公益活动中，进而在全社会营造一种全民热心公益、积极参与公益、持续弘扬公益精神的良好氛围。

1. 设计思路

作为思政课实践教学的重要方式之一，公益活动历来都非常受大学生的欢迎，学生们走出校园，走入社会，在帮助他人、启发公众的同时升华自我，这是一种集学习、实践于一体的非常有助于大学生历练、成长的活动。大学生可以参与的公益活动有很多，形式也是多种多样，结合“思想道德修养与法律基础”第六章“尊法学法守法用法”的相关内容来设计公益活动。公益活动的主题与内容应该紧紧围绕第六章的法律展开，在当前我国全面推进依法治国，加快建设社会主义法治国家的基本背景之下，开展有关法律的公益活动既有助于学生对课堂所学有关法律素养与法律基础知识的理解，也有助于激发学生学习的动力，用自己课堂所学的知识去服务公众，服务有需要的人，通过自己的行动与努力来唤醒或提升公众的法律意识，推动中国法治化的进程。

（1）主题确定

公益活动是面向公众开展的活动，因其公益的性质，辐射面越广，影响到的人越多，受益的人数越多，公益活动的意义和公益精神才能真正得到彰显。因此，公益活动不但要有一个具有感召力的主题，而且要有一个响亮的、让人印象深刻的口号，以便更好地宣传此次公益活动，让更多的人知晓此次公益活动，进而有意愿加入公益的队伍当中来。

活动主题：深入开展法治宣传教育，全面推进法治北京建设。

活动口号：共筑中国梦，同铸法治魂。

（2）实践目的

通过大学生深入基层进行法治宣传教育，一方面让更多的人知法、懂法、守法、用法，唤醒公众的法治意识，提升公众的法治素养，推动我国的法治化进程；另一方面以此活动为契机，让学生了解当前我国推进依法治国所面临的基本国情，激发学生学习“思想道德修养与法律基础”课第六章内容的动力与热情，让学生有学习的紧迫感和责任感，只有自己真正理解了、掌握了第六章法律的基础知识，才能有底气去对公众进行法治方面的宣传与教育工作。

（3）任务要求

①以班级为单位开展法治宣传教育活动；

②班级之内分为若干个小组，每个小组负责不同的法治宣传内容，小组内部分工明确，有的学生负责法治宣传内容的整理，有的学生负责宣传版面的设计，有的学生负责发放宣传品，有的学生负责现场法律知识讲解；

③认真进行宣传教育活动，并记录自己每天进行宣教的过程与效果；

④保存活动期间的相关资料与照片；

⑤活动结束后，以小组为单位进行宣教活动情况汇报，一方面汇报本小组法制宣教的具体情况，一方面分享本小组成员在参加公益活动过程中的体会与收获。

（4）具体实施

①×月×日，发布本次“公益活动”的主题及任务要求；

②×月×日—×月×日，学生深入基层社区进行法治宣传教育活动；

③×月×日，小组汇报宣教活动的情况与体会收获。

（5）成绩评定

指导教师根据学生的出勤情况、宣教现场表现以及小组汇报的内容三个方面的完成质量来进行“参加公益活动”这一校外实践环节的成绩评定。

2. 注意事项

随着时代的发展，大学生参与公益活动的方式、内容和对象也越来越多样化，但是不管方式、内容如何变化，公益活动的服务对象除了一般公众，更为主要的是各类“困难群体”。所谓“困难群体”，不只是传统意义上的经济贫困人群、孤寡老人、残障人士，还包括经济上并不困难但在精神方面、社会关系方面陷入困境者，这些身处困境，需要被关注和帮助的人群，也是一个极其脆弱的群体。公益活动是为了他们或者公众福祉、利益而开展的活动，因此，一定要保护好这类“困难群体”的利益与隐私，不能伤害到他们。

大学生参与公益活动是一个展示当代大学生社会责任与精神风貌的窗口与平台，在参与公益活动的过程中，大学生一定要注意自身的言行举止，不能做出有损当代大学生形象的事情，要时刻牢记自己参加此次活动的目的是为公众服务，在遇到突发事件时应该展现大学生积极向上、有责任、有担当的精神面貌。

作为思政课校外实践教学的环节之一，公益活动是有组织的集体活动，学生参与集体活动就应该严格遵守活动的纪律要求，遵从公益服务的宗旨，按照学校和公益活动主办方的基本要求行事，不得私自行动，或者做出有违公益价值伦理的事情。

3. 总结思考

大学生参加公益活动，其目的就在于通过接触公众，了解公众，体会民情，感悟民生，进而陶冶其情操，启迪其智慧。因此，公益活动最为重要的两点就在于公益活动过程中学生的行为表现和公益活动后学生的感悟与体会。很多时候，作为实践教学方式之一，思政课教师或者学校对于学生具体参加公益的实践过程要求非常严格，一方面确保师生与服务对象的安全，另一方面确保公益服务的质量。很多时候对参加公益服务之后大学生的心理感受与体会不够重视，这一点需要引起我们的注意。

接触公众，感受民生，很多时候大学生在参加完公益活动后，会有一种失落和沮丧的感觉，同时还有一种深深的无力感，感到自己对于改变困难群体现状是那么无力和无奈。这时候就特别需要思政课教师对其进行一个合理、理性的引导，引导大学生走出消极的思想阴霾，帮助大学生用理性思维去思考和分析社会现象、社会群体。培养学生从建设性的角度去看待问题、解决问题，而不仅仅是哀怨和批判现状。

学生参加公益活动只是单个的活动，而公益活动、公益服务是一个长期持续的过程，只有长期持久的公益服务才能在社会中体现出公益的力量和公益对于社会的影响。因此，作为思政课实践教学方式之一的公益活动要让学生通过参与公益，意识到公益是一个长期的事业，需要公众一起来努力，建立公益制度，搭建公益平台，丰富公益载体，在全社会培育一种公益氛围和公益文化，唯有如此才是真的公益，才能真正将公益精神及其价值体现出来。

开展法律知识宣教公益活动除了公益本身的意义和价值之外，思政课教师还应该让大学生意识到法治与德治从来都不是割裂开来的，两者始终以不同的方式在维护着国家和社会的稳定。

第五章　高校思政课实践教学方式创新改革研究

第一节　高校思政课实践性教学方式创新的几点思考

一、高校思政课实践教学方式创新原则

1. 实践教学与理论教学相结合

思想政治教育是教育者和受教育者双向互动的、相互影响的过程。在高校推行思想政治课实践性教学中必须遵循大学生的接受心理规律，整合各种资源，做到实践教学和理论教学相结合。一方面，充分引导学生主体功能的发挥，内化为大学生的自觉行动，开展多种多样的思政教学的课堂实践教学、校内实践教学和校外实践教学，比如课堂实践教学中把人大、政协、联合国搬进课堂，通过模拟教学增进对相关机构运行方式的了解，在校园实践教学中开展思政教育类的讲座、论坛、辩论赛。另一方面，在

校外实践中注意开展红色教育、志愿者服务、实地考察等实践活动，从而达到了解社会、内化知识和信念的目的。

2. 实践教学与现实生活相结合

高校思想政治教育是科学的实践和实践的科学。高校思政课的目的就是引导大学生更好地掌握思政课的知识内容，传承中华民族的优良品质，最后落脚到实现中华民族伟大复兴的宏伟目标上。把实践教学与大学生的现实生活结合起来是引导高校思政课实践教学方式创新的必然旨归，新时代在大学生身上刻下了深深的烙印，实践性教学一定要根据新时代大学生的特点，融入大学生的生活中，把思政课变成融趣味性、思想性、知识性为一体的课程。

3. 实践教学的线上与线下相结合

实践性教学方式创新的主要手段之一就是积极推进网络课程信息平台的开发和利用。网络课程平台建设是实践性教学创新的重要技术支撑，对各种实践性教学方式的顺利开展具有重要的保障作用。线上，自主学习享用高校教师的优质资源，聆听大学教师的精品课程，自主完成教师布置的任务，并完成自主测评，提交作业。线下，积极参加各种校园实践和校外实践，把线上的教学运用到实践中，发现问题、解决问题，做到实践教学的线上和线下相结合。

二、高校思政课实践教学方式创新的目标

1. 知识目标

首先，知识目标所涉及的是学生的学习内容以及对知识的理

解能力和技能的形成方面的目标。问题情境的创设在引发学生主动学习的环节中有至关重要的作用，既可以激发学生的问题意识，还可以让原有的知识结构与新知识发生作用，重塑新知识。在高校思政课网络平台作业区、讨论区，学生可以完成作业，达到知识向技能的转化，同时学生可以充分交流讨论彼此的观点，共享网络平台上的资源，实现知识的内化，从而形成科学的技能。其次，在知识的运用过程中要巩固知识，把知识内化成能力。

2. 能力目标

能力目标的实现重在知识的运用。在这个阶段，既是旧知识的温习，也是知识转化成能力的过程。在网络信息平台的作业区，要精心设计训练题，题型要尽量多样化，注意精炼性和典型性，还要有一定的梯度，把了解到的知识放在网络课堂平台上进行讨论，交流彼此的观点。学生可以归纳所学知识的要点，形成利用交流讨论表述知识的能力，并将了解到的政治经济与思想文化联系在一起分析，从而形成解决问题的能力，达到知识能力的转化，最终达到能力目标的实现。

3. 过程目标

第一，学生学习知识，通常是通过教师与学生的多项交流来掌握基础知识、基本技能和思想方法的，是实现学生在实践性教学中认识主体的一次质的转化。在知识的学习过程中，一定要强调学生自主探索，这是学生主动学习的实质性环节。第二，要重视学生合作学习，这是主动学习的拓展环节。在网络信息平台中，学生可以参与交流、讨论、探索，拓展他们的知识视野，实践性教学可以给学生留出发挥自主性、积极性和创造性的空间，让学生通过主动学习形成自我监控、自我反思、自我评价的学习能力，从而达到过程目标。

4. 价值目标

每个人的价值选择是在其成长的过程中，通过模仿、尝试和实践体验逐渐养成的。在选择中学习选择，在参与中发展自我，在体验中认识生活，是每个学生综合发展的必由之路。实践性教学一是要通过老师的人生态度价值观去影响学生，二是要通过老师自己的示范活动来达到言传身教的真实性和可行性，积极创造有利于学生尝试选择、参与和体验的机会。通过开展实践性教学中课堂实践、校园实践、热点问题的实践调研、红色资源的收集与整理等实践活动，在实践行动中形成自己的价值观，从而达到价值目标的实现。

三、高校思政课实践教学方式创新的技术平台支持

1. 网络课堂技术平台与课堂实践教学相结合

通过网络课堂技术平台的各种功能，可以丰富思政课的教学形式，实现教学任务，加强学生之间的网上交流并完成作业，便于老师及时发现问题、答疑解惑。也可以通过网络课堂技术平台的支持进行模拟式教学，比如课堂实践教学中把人大、政协、联合国搬进课堂，通过模拟教学增进对相关机构运行方式的了解。

2. 网络课堂技术平台与校园实践教学相结合

网络课堂技术平台是思想政治教育的有效载体，又是丰富校园文化生活的重要手段，尤其是网络上的红色资源能丰富思想政

治教育的内容，可以通过网络视频观看文艺演出、演讲、辩论赛等多种形式对学生进行红色教育，也可以在网络课堂技术平台上进行讨论学习。在多种多样的校园实践中，既陶冶了受教育者的道德情操，又使其获得愉快的心理体验，同时还提高了受教育者的思想认识，尤其是集体观念、参与意识、竞争意识、团结意识也得到了培养。校园实践、校外实践活动与课堂教学一起，完成教学育人的最终目标。

3. 网络课堂技术平台与校外实践教学相结合

校外实践活动主要借助网络课程教学平台，布置、指导、监督和鼓励学生对红色资源和社会热点进行实践调研，并撰写调研报告，经由网络平台提交报告，通过对学生报告质量的审核和活动参与度的检测，最后计入综合成绩。红色资源和社会热点的选取要结合教学的内容，比如近代史以民主革命的历史遗迹和英雄人物为专题，概论课则以社会主义建设的楷模和改革开放的典型代表为专题。通过网络信息技术平台的讨论区，我们可以把自己了解到的抗战时期的事迹和遗迹以及改革开放以来的典型，比如当前的模范人物和事迹，诸如感动中国人物之类的或者你身边的人和事，进行充分的讨论、交流，达到价值目标的实现。

四、高校思政课实践教学方式创新的课堂实践支持

1. 情景模拟的挖掘与课堂实践

实践是理论的源泉、目的、发展动力和检验标准。实践的磨炼和体验在学生成长成才中发挥着传统课堂教学中无法替代的重

要作用，这不仅是课堂理论教育的补充或者课堂教育的延伸，而且是整个教育教学体系的重要组成部分。因此，高校首先要充分利用网络信息平台等载体，重视思政课教育方式的创新，加快课堂实践教学的推广和运用。其次，将理论与实践结合起来，增强课堂趣味性，适应思政课大众化教育的趋势，根据新时期大学生的特点，以情景模拟的方式来传播优质的教学内容；通过模拟式教学，根据不同的课程内容把法庭、人大、政协等搬进课堂，从而让学生更加了解社会，达到学习知识和提高能力的目标。最后，校内教学实践通过确立多部门协同参与的思政课实践教学指导小组，把思政课实践教学融入校团委、学生处的工作并制度化、规范化，建立专人协调机制，沟通思政课与大学生校园实践活动。在这样的过程中，达到过程和价值目标。

2. 社会热点的课堂交流

鼓励学生对社会热点进行实践调研，并撰写调研报告，通过网络平台提交，对学生参与活动的检测和报告质量的审核，综合平衡后计入课程成绩。这样加强了学生关于社会热点的交流，让老师及时发现学生的观点和困惑，对学生进行及时的沟通和指导。

五、高校思政课实践教学方式创新的校外实践支持

1. 网络课堂支持下的红色资源收集与整理

红色资源是我们党和人民群众经过几十年的艰苦奋斗积攒出来的宝贵的思想政治教育资源，它在思想政治教育中的应用需要

我们自觉地担负起继承、传播、创新的责任，在理论实践中不断地开拓创新，实现新的发展和突破。要做到创新和突破，首先要做好红色资源的收集和整理工作，关注尚未被开发利用或者利用得不充分的红色资源，根据新时代受教育者的不同特点，利用网络课堂改造整合红色资源，并积极利用网络内容丰富、传播速度快、高效便捷等特点，加强红色资源的收集与整理工作。

2. 网络课堂支持下的社会热点调研

社会热点是一定时期、一定社会矛盾的反应，社会热点问题也内在归属于思想政治教育的系统，是大学生思想政治教育的重要资源。在网络课堂的支持下，我们可以充分利用网络课堂教学的优势，让实践教学与现实生活、理论教学、线上线下相结合，创新建立技术平台，加强社会热点问题的线上课堂交流，情景模拟的挖掘和课堂实践，来深刻剖析社会热点问题反映出深层次的社会发展问题。

第二节 新时代高校思想政治理论课教学方式改革的重要性分析

伴随科技水平的日新月异，云技术、大数据、慕课等一系列新技术、新理念、新模式在各个领域都发挥了极大的推动作用，特别是在高等教育的发展过程中，日益趋向教育信息化方向转变，对高等教育的“革命性影响”越来越突出。在“互联网+教育”的改革浪潮中，教育内容的持续更新、教育样式的不断变化、教育评价的日益多元化给高校思想政治理论课的教学方式带来了进一步调整。因此，在“互联网+”的背景下探讨高校思想政治理论课的教学方式改革具有重要的时代意义。

一、“互联网+教育”的时代背景

互联网技术的日益渗透为各个领域的发展带来了机遇与挑战。在“互联网+教育”深度融合的时代，技术正在推动着教育走向公平、公正和公开。在新的教学形式下，学生可以通过 PC 终端或者移动通信设备随时发表疑问、提出看法、及时答疑，而教师则可以根据授课内容的变化调整教学方式。在“互联网+”时代，只有想不到，没有做不到。学生的学习兴趣更加浓郁、学习途径更加多元、学习效率更加高效。可以说，“互联网+教育”正在以巨大潜能的工具属性来到学生和老师的身边，成为开启新时代的教育模式。

二、高校思政课的改革举措

1. 加强师资队伍建设，增强教学团队的技术化水平

教师是教育的主导，充分发挥教师的主导作用，不断提升任课教师的业务水平和综合素质。对于“马克思主义基本原理”课程的抽象性、时代性、政治性等特征，通过搭建梯队教师团队，形成老中青三代传承的教师队伍可以有效地形成教学合力，这样

既能够发挥经验丰富教师的优良传统，又能够融合青年教师的创新意识；既能够展示主动型教师的个人实力，又能够凝结各有所长的教师发挥其各自的优势，在教学团队的共同努力下形成教学团队、凝结师资合力，实现资源共享，才能更好地实现教学利益最大化、教学效果最优化。

2. 丰富教学内容，改变抽象理论的枯燥讲授

思政课的内容不应仅作为知识来讲解，更应发挥其方法论的作用。思政课的理论体系中被抽象的理论是从现实中来的，只有让理论回到现实的土壤中去，才能在生活中理有所用、理有所示。思政课的教学要让学生对理论体系的学习从系统掌握到学会分析。抽象的理论只有被群众所掌握，才能发挥历史作用和现实意义。因此，思政课的教学过程需要教师能够吸收大量的现实问题，让问题与理论相结合，让学生能够从现实中来，再到现实中去，从问题反思理论，再到理论解决问题，实现从抽象向具体，从理论向问题的转变。

3. 创新教学手段，形成“互联网+”的多元化教学手段

时代的快速变革，技术手段的日新月异为教学手段提供了更多的表现形式。传统的教学过程是以口传心授、板书演示等方式进行的，但在互联网时代，各种多媒体技术走进课堂，形成多元化、多样化的教学手段。因此，结合学生的特点，思政课的教学手段也要伴随科技水平的提高而改进，通过网络带来的便捷条件不断丰富课堂。

4. 改进教学方法，搭建“教与学”的互动交流平台

在教与学互动的过程中，通过多样化的交流平台，增加教师

与学生的互动频率和提高交流质量，让学生能够在引导中自主学习、在探索中自主思考，充分展示教师在教育主导领域的立体、及时的引领和导向作用，逐渐在沟通与交流中，实现“教与学、练与思”的教学效果，从而改变教与学分离的对立状态。

5. 完善教学评价，实现从定量考评到量性结合的方式转变

高校思政课的教学不仅仅是让学生识记和掌握理论知识，应对各种各类考试，更重要的是让学生在其课中掌握理论及其理论思维，提升知识运用的方法，从而树立学生科学的世界观、人生观、价值观。在传统的教学评价过程中，是以知识的识记为主，通过选择题、填空题、简答题、论述题等形式，对知识进行定量考评。而现如今，应当力争通过定量卷面考核和定性学情分析相结合的方式，改革思政课程的教学效果。

总而言之，高校思政课改革是一项复杂的系统工程，关乎教育的未来、祖国的未来和民族的未来。互联网时代，信息技术的飞速变化带给人们生活越来越多的生长点，因此，高校思政课改革既要认真审视，又要在时代的浪潮中不断创新。

参考文献

［1］中共中央宣传部宣传教育局等. 加强和改进思想政治教育文件精选［C］. 北京：中国人民大学出版社，2005.

［2］张丽. 高校思想政治理论课实践教学的几点思考［J］. 世纪桥，2012（23）：48-49.

［3］刘翠. 高校思想政治理论课实践教学改革探究［D］. 江南大学，2015.

［4］谭件国. 提高高校思想政治理论课实践教学实效性的思考［J］. 通化师范学院学报，2011，32（1）：111-113.

［5］赵野田. 高校思想政治理论课教学理念探析［J］，思想理论教育导刊，2011（8）：76-78.

［6］王玉玲. 高校思想政治理论课实践教学的系统集成模式初探［J］. 当代教育论坛（综合研究），2011（2）：107-108.

［7］孙宏典，张义明. 地方高校思想政治理论课实践教学模式探索——以信阳师范学院构建德育“五个一”工程为例［J］. 信阳师范学院学报（哲学社会科学版），2013，33（3）：1-5+57.

［8］姚成元. 新形势下医学院校思政课实践教学运行机制的

构建［J］．科技信息，2012（10）：44+47．

［9］李宽松．高职思政课实践教学的理论思考［J］．吉林省教育学院学报，2017，33（2）：66-68．

［10］万远英，王贝．高校思想政治理论课“面点面”实践教学模式研究［J］．黑龙江高教研究，2012，30（8）：140-142．